汉语可数性研究：
儿童语言发展的启示

Exploring Countability in Chinese:
Insights from Child Language Development

黄爱军 著

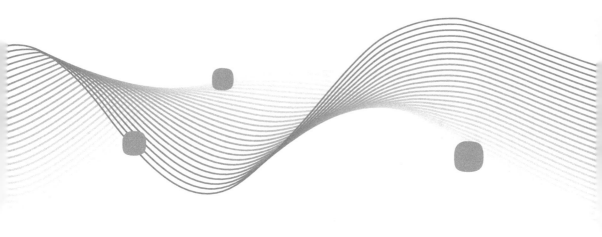

上海交通大学出版社
SHANGHAI JIAO TONG UNIVERSITY PRESS

内容提要

　　本书深入探讨了汉语名词的可数性问题，分析了其语义观与句法观的争辩，并通过儿童语言习得研究，探究普通名词、集合名词和有生命名词等不同种类名词在多样短语结构及丰富语境中的可数性表现，力图揭示名词可数性的本质。本书采用真值判断法等实验方法，考察形态句法和语境对名词可数性的影响，为汉语名词可数性问题的争论提供新的实证数据，也为儿童语言习得研究提供新方法和新数据。本书适合理论语言学和儿童语言习得领域的研究者阅读，也适合对此领域感兴趣的、有一定语言学基础的大众读者阅读。

图书在版编目(CIP)数据

　　汉语可数性研究 ：儿童语言发展的启示 / 黄爱军著.
上海 ：上海交通大学出版社，2025. 3. -- ISBN 978-7
-313-32492-4

　　Ⅰ. H193.1

　　中国国家版本馆 CIP 数据核字第 20252664M6 号

汉语可数性研究：儿童语言发展的启示

HANYU KESHUXING YANJIU：ERTONG YUYAN FAZHAN DE QISHI

著　　者：黄爱军

出版发行：上海交通大学出版社　　　　　地　　址：上海市番禺路 951 号
邮政编码：200030　　　　　　　　　　　电　　话：021 - 64071208
印　　制：上海万卷印刷股份有限公司　　经　　销：全国新华书店
开　　本：710 mm×1000 mm　1/16　　印　　张：11.5
字　　数：170 千字
版　　次：2025 年 3 月第 1 版　　　　　印　　次：2025 年 3 月第 1 次印刷
书　　号：ISBN 978 - 7 - 313 - 32492 - 4
定　　价：68.00 元

前　言
FOREWORD

现实世界中存在着两种不同形态的事物：一类是具有相对固定形状的个体，如桌椅、汽车等；另一类则是没有固定形状的物质，其形态会随容器或环境的变化而改变，如空气、水等。在英语等具有可数与不可数语法范畴的语言中，指称个体的名词通常被用作可数名词，可逐一计数，如"one chair, two chairs"；而指称无固定形状的物质的名词则一般用作不可数名词，无法直接用数字计数，如"air, water"。

然而，语言与现实事物之间并不存在严格的映射关系。以英语中的"furniture"为例，句法上它被归类为不可数名词，但在语义上可以指称可数的个体，如一张桌子、一把椅子。这一现象说明现实事物与语言之间的映射并非严格一一对应。

现实事物和语言之间的对称与不对称引发了广泛讨论。一种观点认为，名词的可数性是由其指称的本体性质所决定的，即事物在现实世界中的属性会直接映射到语言表达上；而另一种观点则认为，可数性更多地受句法结构和语境因素的影响，即使名词指称的本体性质相同，不同的句法环境和语境也可能导致名词产生不同的可数性解读。这两种观点分别被称为可数性问题的语义观和句法观。

当我们深入研究汉语时，会发现它具有独特的类型学特征。汉语名词可以作为光杆名词独立使用，无须借助任何形态句法标记来体现其可数或不可数的属性。长期以来，这一特性引发了语言学界关于汉语名词的可数性究竟是由其语义属性决定，还是由更高层次的形态句法因素所决定的激烈争论。因此，在汉语可数性问题的讨论中，句法观与语义观的争辩也广泛存在，并且呈现出一些独有的特征。

儿童语言习得的研究为我们提供了很好的视角辨析这两种观点。在儿童学习语言的过程中，他们是如何逐步掌握名词的可数性用法？形态句法和语境信息分别扮演着怎样的角色？不同种类的名词在不同的短语结构和语境下，又是如何被理解的？本书正是基于这样的研究背景和目的，试图通过对儿童语言习得过程的细致观察与分析，深入探究不同种类名词的可数性，包括一般普通名词、集合名词和有生命名词，它们各自具有不同的本体语义性质，这使得对它们可数性的研究更具复杂性和挑战性。

同时，我们也将深入探究不同短语结构中的名词可数性，涵盖名词短语结构和不定疑问代词短语结构。在这些不同的短语结构中，名词的可数性表现如何，是否存在规律可循？这些问题都将在本书的研究范畴之内。为了更全面、准确地揭示名词可数性的本质，我们将在实验中细致考察形态句法和语境的作用，通过科学严谨的实验设计和数据分析，力求为这一语言学难题提供更具说服力的解答。

综上所述，可数性问题涵盖现实世界、人类认知和人类语言之间的相互关系，一直是哲学家、语言学家和认知科学家都关注的热点研究问题。本书期望能够为学界关于汉语名词可数性范畴的争论带来新的见解和思考，也为儿童语言习得研究提供新的视角和方法。

本人对汉语可数性问题的研究，起源于 2005—2008 年在香港中文大学攻读硕士期间的论文课题。感谢导师李行德（Thomas Hun-tak Lee）教授将我引入了这个充满魅力与挑战的课题领域。近二十年来，我始终对这一课题情有独钟，并由此课题不断拓展，衍生出更广泛的研究课题。李老师严谨的治学态度与深厚的学术底蕴，始终是我不懈追求的目标。李老师不仅在学问研究上要求严格，在为人处世上也言传身教，给予我诸多教导。我常常感慨，能跟随李老师先后在长沙和香港学习和工作五年时间，是我人生中多么幸运和荣耀的一件事啊！

本书主要采用的实验方法是真值判断法（Truth Value Judgement Task），这一方法由我的博士导师 Stephen Crain 教授和 Rosalind Thornton 教授研究开发，在心理语言学领域已得到广泛应用。在澳大利亚麦考瑞大学(Macquarie University)攻读博士学位期间,我有幸在两位导师的悉心指导下,以及师兄周鹏教授和师姐苏怡教授的无私帮助下,系统地学习并熟练掌握了这一研究方法。

Stephen 和 Rozz 两位恩师不仅在学术研究上给予我高屋建瓴的指导,他们更是不遗余力的手把手教导我如何用简洁明了的语言撰写英语学术论文,为我提供了最优质的论文写作训练。这段学习经历,不仅让我掌握了先进的研究方法,更让我在学术写作上受益匪浅,为我日后的研究工作奠定了坚实的基础。

在此,我亦要向宁春岩教授和李兵教授致以深深的谢意。正是他们在湖南师范大学为我开启了形式语言学学术研究的大门,宁老师精心指导我完成了硕士毕业论文。两位恩师对语言的无尽好奇、对学术的炽烈热爱,以及对学生的平易近人与深切关爱,始终深刻影响着我,成为我学术生涯中一笔宝贵的财富。我永远铭记,在风景如画的岳麓山下,宁老师与我们一群学生畅谈学术、探讨人生的欢乐时光。

这部专著的诞生离不开我的四位导师——宁春岩教授、李行德教授、Stephen Crain 教授和 Rosalind Thornton 教授多年来对我的教导。他们以各自独特的指导风格,或细致入微,或高屋建瓴,为我提供了全方位、多层次的学术指导。更为难能可贵的是,他们对语言学研究那份纯真的热爱,始终如一地激励着我不断前行,成为我学习的楷模。他们不仅教会了我如何深入钻研学术问题,更让我深知传道授业解惑的神圣使命。从他们身上,我学习了如何传承知识、培育后学的宝贵经验。

我也要向我的学生李晶晶、张晓梅和徐婧颖表达诚挚的感谢。她们与我携手并肩,共同完成了书稿中的实验研究。我们一起深入探讨实验设计的细节,齐心协力撰写学术文章。在文章投稿的过程中,我们共同经历了被拒稿的挫折,也一同分享了文章被接受的喜悦。

我还要向参与我们实验的所有儿童和成人被试致以衷心的感谢。他们的支持与配合,是我们研究得以顺利进行的关键。在与他们的互动过程中,我收获诸多快乐和灵感。书中大部分实验都是在苏州大学幼儿园顺利开展的,这离不开该幼儿园园长和老师们一如既往的支持与协助,他们为我们的实验创造了良好的条件和环境。

我一直非常热爱并享受我的儿童语言研究工作，这份热爱能够持续，离不开我相知多年的师友们一直以来的鼓励、支持和帮助。他们是我学术道路上的良师益友，给予我无尽的动力与温暖。这些师友包括杨小璐教授、吴庄教授、周鹏教授、苏怡教授、黄海泉教授、中山峰治教授、胡建华教授、张云秋教授、邓湘君教授、曾莉教授、何佳教授和胡深爱教授。

正式交稿前，博士生胡舒琪通读了全书，并做了初步校对。上海交通大学出版社老师为本书的编辑出版付出了许多心血。本书的出版得到了上海交通大学外国语学院的部分资助。在此一并致谢。

最后，我要向我的家人表达最深的感激之情。多年来，他们始终如一地支持我的研究工作，是我坚实的后盾。哥哥和嫂子一直无微不至地照顾年迈的父母，让我能够全身心地投入到工作中；先生默默承担起照顾我和两个孩子的重任，毫无怨言，给予我最无私的支持与深沉的爱。此外，我还要感谢我的两个可爱孩子，他们让我觉得生活的每一分每一秒都幸福万分，他们也是我生活和工作的最大动力源泉！

目 录
CONTENTS

第 1 章
概　论

可数与不可数名词(count-mass distinction)是语言学中一个重要的语法范畴。在英语中,可数与不可数的区分主要体现在名词的单复数形式变化、限定词的使用以及数量词的搭配上(Jespersen, 1924, 198 - 200; Bloomfield, 1933, 205 - 206)。具体来说,英语中的可数名词具备明确的单复数形式,这使得它们能够反映出个体数量的差异。例如,在讨论猫时,使用"a cat"来指代单只猫,而"cats"则用来指代多只猫。这种单复数的区分不仅体现在名词的形态变化上,还体现在与数词的结合上,比如"two cats"表示确切的两只猫。同时,可数名词也能与不定限定词(如"some"和"many")搭配使用,以表达个体数量上的不确定性。例如,"some cats"指一些猫,但具体数量未指定。这些用法共同构成了英语中可数名词的量化表达方式。

与可数名词形成对比的是,不可数名词在英语中通常没有复数形式。以"water"为例,我们不能将其复数化为"waters"来表示多个水,因为"水"是一个不可数名词。不可数名词往往需要与特定的量词搭配使用,如"a cup of water"(一杯水),而不是直接与数词结合。此外,不可数名词还可以与限定词(如"much"或"a little")一起使用,如"a little water"(一点水)。

可数与不可数的问题是一个跨学科的研究议题,涉及事物的本体性质、人类的认知概念以及语言使用等多个层面的相互作用。这一议题已经成为语言学、心理语言学和哲学等多个学术领域的研究者们共同关注的问题,数十年来一直是这些学科中的一个热门研究主题,激发了广泛的学术讨论(比如 Quine，1960；McCawley，1975；Pelletier，1979，2012；Macnamara，1982；Gordon，1982；Gathercole，1986；Bloom，1990；Chierchia，1998a，1998b，2010；Borer，2005；Barner & Snedeker，2005，2006；Bale & Barner，2009；Massam，2012；Bale & Barner，2012 等）。

心理学家、哲学家和语言学家普遍认同，可数与不可数的概念构成了人类认知能力的一个基本组成部分。尽管如此，关于这些概念如何在不同语言中通过语法进行标记，学术界尚未达成一致意见（Ghomeshi & Massam，2012）。特别地，句法结构和语义内容如何影响可数性的表达，成为学术界广泛讨论的焦点。这些讨论不仅涉及语言的形式特征，还关联到语言如何映射和反映我们对世界的理解。

研究汉语中可数性的表达具有特殊的重要性，因为汉语与印欧语系的语言（如英语）在处理可数与不可数名词时存在显著差异。不同于英语等语言通过名词的形态变化（如单复数形式）、限定词、数量词以及复数标记来明确名词的可数性，汉语的名词体系并不依赖于这些形态句法标记来区分可数与不可数。正如我们在前文提到的，英语中的名词使用需要根据上下文选择其可数或不可数形式，并通过相应的语法手段来表达其可数性。相对地，汉语的语料库研究显示，汉语中的名词在实际使用时常常以光杆名词的形式出现（Lin & Schaeffer，2018），名词本身并不通过形态变化来标示其可数性。

此外，众多学者提出，汉语中可数性的表达与量词系统有着密切的联系（Krifka，1995；Cheng & Sybesma，1999；Borer，2005；Zhang，2012，2013；Li，2013；Pelletier，2012）。在汉语中，量词的使用不仅丰富了名词的表达，而且在很大程度上决定了名词的可数性解读。因此，深入研究汉语中可数性的表达，不仅能够增进我们对汉语特性的理解，也能为跨语言的可数性研究提供宝贵的视角和洞见。

基于汉语名词和量词的类型学特征，学术界对汉语中可数性的表达一直有着广泛的讨论。这些讨论大致可以归纳为两种理论视角：语义观和句法观。

语义观主张名词的可数性是由其所指代的对象的本体特征所决定的。

根据这一观点,某些名词因为其指代的事物在现实世界中具有自然的、可数的属性,因而被认为是可数的;而另一些名词指代的事物则因其连续的、不可分割的特性,被认为是不可数的。这一观点得到了 Chao(1968),Doetjes(1997),Cheng 和 Sybesma(1998,1999,2005),Cheng、Doetjes 和 Sybesma(2008),司马翎(2007),Cheng(2012),Liu(2014)等学者的支持。

与语义观相对的是句法观,它强调句法结构决定名词可数性解读的关键作用。句法观认为名词本身并不决定其可数或不可数的解读,而是在特定的句法结构中,通过上下文和语法标记(如量词的使用)来确定其可数性。这一观点得到了 Borer(2005)、Huang(2009)、Huang 和 Lee(2009),以及 Pelletier(2012)等学者的支持。

这两种理论视角提供了不同的分析框架,用以解释汉语中名词的可数性问题。语义观更侧重于名词的内在属性,而句法观则关注于名词如何在句法结构中被解读。这两种视角的讨论不仅对汉语的可数性问题至关重要,也为理解其他语言中类似问题提供了重要的理论基础。

本书将采用儿童语言习得的视角,对语义观和句法观这两种理论观点进行深入辨析。通过一系列精心设计的实验研究,我们将探讨形态句法和语境信息是如何共同影响汉语儿童和成人对名词短语以及不定疑问代词短语的可数性解读。

在对名词短语的可数性进行探究时,本研究涵盖了三种不同类型的名词:一般物体名词,如"苹果""梨""椅子"等;集合名词,如"家具""工具""餐具";以及有生命名词,如"狗""牛"和"羊"。在过往研究中,集合名词和有生命名词通常被视为可数名词,我们的实验试图揭示在不同语境和句法结构中,这些名词的可数性解读是否具有灵活性。

在不定疑问代词短语的可数性研究中,我们特别关注了不定疑问代词"多少"的使用情况。通过分析"多少"在不同语境中的解读,我们可以更好地理解汉语中不定疑问代词短语的可数性特征。

此外,本研究还扩展到了形容词修饰对名词短语可数性解读的影响。形容词如"大""小"在修饰名词时,可能会对名词的可数性解读产生影响。我们将通过实验数据来探讨形容词修饰如何影响名词的可数性解读。

我们的一系列实验揭示了一个共同的解读模式：一方面，当名词独立使用时，其可数性解读受到语境的显著影响。在强调个体的语境中，无论是使用汉语的儿童还是成人（下简称"汉语儿童"和"汉语成人"），都倾向于对光杆名词赋予可数解读；而在强调非个体的语境中，他们则更可能赋予不可数解读。这一现象不仅适用于一般物体名词，也适用于通常被视为可数的集合名词和有生命名词。汉语儿童和成人对这些名词的解读同样受到语境的调节，允许可数和不可数两种解读并存。

另一方面，当名词与个体量词（如"个"和"只"）搭配使用时，汉语儿童和成人则一致地赋予名词可数解读，此时语境的调节作用不再显著。这种解读模式不仅体现在名词短语结构的实验中，也在不定疑问代词短语结构的实验中得到了验证。

在形容词修饰的实验中，我们进一步发现形容词的作用与量词相似，它们有助于确定被修饰名词的可数性。形容词通过强调名词的特定属性，类似于量词在句法结构中的作用，影响名词的可数性解读。

这些实验结果共同支持了汉语可数性问题的句法观，即形态句法是决定汉语名词可数性解读的关键因素，而汉语名词本身并不具有固定的可数性解读。这些发现强调了量词在汉语中的重要性，以及语境和句法结构在名词可数性解读中的相互作用。

综上所述，本书深入探讨了汉语形态句法和语境信息如何交互影响汉语儿童和成人对汉语名词的可数性解读。以下是全书各个章节的主要内容简述。

第 2 章深入探讨了汉语可数性问题的理论研究，详细介绍了句法观和语义观的不同看法和主张，展现这两种理论视角如何解释汉语中名词的可数性问题。

在第 3 章中，我们回顾了可数性问题的儿童语言研究。这一章节概述了儿童如何习得可数性以及这一过程对理解句法和语义理论的重要性。

第 4 章报告了关于一般物体名词可数性的儿童语言实验。我们探究了汉语儿童和成人如何根据形态句法来解读一般物体名词的可数性。

第 5 章和第 6 章分别汇报了汉语集合名词可数性的理论分析和儿童语

言实验。我们分析了集合名词在汉语中的可数性特征,并探讨了儿童和成人如何根据形态句法和语境理解这类名词。

第 7 章和第 8 章分别汇报了汉语有生命名词可数性的理论分析和儿童语言实验。我们探讨了有生命名词在汉语中的可数性解读,并研究了儿童和成人如何根据形态句法和语境理解这类名词。

第 9 章汇报了汉语不定疑问代词短语可数性的儿童语言实验。我们研究了不定疑问代词短语在不同形态句法和语境下的可数性解读,以及儿童如何掌握这种结构的解读。

第 10 章汇报了形容词修饰与汉语量词可数性问题的儿童语言实验。我们探讨了形容词如何影响名词短语的可数性解读,并用儿童语言数据佐证我们的理论分析。

第 11 章总结了全书的主要发现和理论贡献。我们讨论了本研究对理解汉语可数性问题的意义,并提出了未来研究的方向。

总体而言,本书通过儿童语言习得的视角,为汉语可数性问题的探讨提供新的理论和实证支持。我们的研究不仅有助于深化对汉语可数性问题的理解,也为跨语言的可数性研究提供了宝贵的洞见。通过这些研究,我们希望能够揭示形态句法和语境信息在语言习得和使用中的重要作用,以及这些因素如何共同影响可数性的表达,进而为语言学、心理语言学和哲学等领域提供新的视角和见解。

第 2 章
汉语可数性问题

在上一章中,我们简要介绍了汉语可数性问题的两种主要观点:语义观和句法观。本章将深入探讨这两种观点,并在此基础上提出我们的理论分析。我们将详细分析汉语中不同结构的可数性特征,包括名词短语、不定疑问代词短语和量化结构。我们的分析表明,这些不同结构的可数性具有一致的特征,即量词决定了它们的可数性解读。这些发现支持了可数性问题的句法观。

2.1 语义观

语义观主张可数性的表达主要依赖于名词的内在语义属性。根据这种观点,名词的可数性是由其指代的对象是否具有可数的自然属性决定的。例如,一些名词自然地指代可数的实体,如"苹果",而另一些名词则指代不可数的集合或物质,如"水"。语义观强调,尽管汉语中名词本身不通过形态变化来表达可数性,但名词的语义特征本身就决定了其可数或不可数的性质。

因此,支持语义观的学者认为,汉语名词的可数性是在词汇层面上决定的。他们依据汉语名词的分布情况以及名词所指代的实体的本体特征来判定名词是否具有可数性。这些学者将汉语名词分为可数和不可数两大类(Chao, 1968; Doetjes, 1997; Cheng & Sybesma, 1998, 1999, 2005; Cheng, Doetjes & Sybesma, 2008; 司马翎, 2007; Cheng, 2012; Liu, 2014)。

Chao(1968)对汉语中的可数名词和不可数名词进行了详细描述。他基于名词的分布特点来区分可数与不可数名词。具体而言,Chao 定义了不可数名词,这类名词不与个体量词搭配,但可以与标准量词(如"一尺布")、容器量词(如"一杯茶")以及部分量词(如"一点儿水")共用。

Chao 并没有直接定义可数名词,而是通过名词的分布特点来确定三类名词:个体名词、集合名词和抽象名词。个体名词是可以与个体量词或者通用量词"个"搭配使用的名词。例如,"一个孩子"中的"个"就是个体量词,表明名词"孩子"是可数的。集合名词,如"父母",是指那些前面不能直接使用基数词的名词。这类名词通常指代由多个个体组成的集合或整体,不强调个体的数量。抽象名词,如"病"或"恩",是指那些只能与特定的集体量词(如"种""类")、动量词(如"顿""番")或部分量词(如"些""点儿")搭配的名词,而不能与个体量词或标准量词搭配。

正如 Chao 自己所承认的,由于汉语中名词的子类划分是基于其形式特征,而非其本体或语义特征,因此同一个词在不同的语境中可能会表现为不同的名词子类。例如,在"一个面包"中,"面包"作为个体名词出现,表示一个单独的面包;而在"一块面包"或"一片面包"中,"面包"则表现为不可数名词,指的是面包的一部分。同样,"一个石子儿"中的"石子儿"作为个体名词,表示一个单独的小石头;但在"一吨石子儿"中,"石子儿"则作为不可数名词,指的是大量石子的集合。

这种语境依赖的名词分类现象,挑战了名词的可数性解读是由词汇层面固有属性决定的观点。它表明,汉语中名词的可数性可能更多地受到语境和量词搭配的影响,而不是单纯由名词本身的内在属性所决定。这种灵活性是汉语的一个特点,它要求我们在分析和理解汉语名词的可数性时,必须考虑到语境和量词的使用,而不能仅仅依赖于名词的字面意义。

此外,Cheng 和 Sybesma(1998,1999)以及 Doetjes(1997)也基于名词所指代的事物的本体特征,对可数名词与不可数名词进行了语义上的界定。在本节中,我们将回顾并分析 Doetjes(1997)的观点,而下一节将专注于讨论 Cheng 和 Sybesma(1998,1999)的研究。Doetjes(1997)从句法分布的角度出发,认为所有汉语名词在本质上都是不可数的,因为它们通常不直接与基数词结合（例如，在现代汉语中我们通常不直接说"三书"）。然而，她同时指出了可数名词和不可数名词在语义上的差异：可数名词总是为我们提供一个计数的标准，而不可数名词则不提供这样的标准（Count terms always provide us with a criterion for counting，while mass nouns do not）（Doetjes，1997：18）。

　　Doetjes 提出了三个论点来支持汉语中可数名词与不可数名词在词汇上的区别。首先，她引用了 Rygaloff(1973)的观察：通用量词"个"通常只与可数名词搭配，而不与不可数名词搭配，除非后者在某种情况下可以被视为可数。由于"个"这个量词本身并不提供任何关于其搭配名词所指对象的计数单位信息，计数单位的信息被认为内含于名词本身。

　　Doetjes 的第二个论点基于以下现象：集体量词如"打"和"群"，它们选择与表示群体或个体集合的名词搭配，例如"一打白马"或"一群马"。与通用量词"个"类似，集体量词本身也不包含关于它们量化的名词所指的计数单位信息，因此，计量单位的信息被认为必然是内嵌在名词之中的。

　　Doetjes 的前两个论点均基于这样一个推断：如果量词（包括通用量词"个"和集体量词)本身不提供关于名词所指对象的计数单位信息，那么计数单位信息必须内含于名词本身。然而，正如 Doetjes(1997：32 - 34)自己所指出的，从逻辑上我们也可以认为个体化信息并非内含于名词之中，而是由量词所引入。如果接受这一观点，我们便无须假设名词在词汇层面上存在可数与不可数的区分。

　　Doetjes(1997)的第三个论点是基于 Rygaloff(1973)对带有"-子"和"-头"后缀的名词的观察。Rygaloff 提出，可数名词可以用"-子"作为后缀，而不可数名词则可以用"-头"作为后缀。例如，在"房子"和"院子"这两个名词中，词干表示的是可数名词；而在"木头"中，词干则表示不可数名词。然而，支持这一观点的实证证据相对有限。Doetjes 本人也指出了这一点，举出了"沙子"和"沫子"作为明显的反例。其他反例还包括"金子""银子""电子""谷子""麦子""面子""毛子(贬义)""烟子""油子""砂子"等，这些例子均引自《倒序现代汉语词典》(1987 年版)。此外，该词典还列举了众多反例，对只有不可数名词才能使用"-头"后缀的观点进行了反驳。在以下例子中，尽管都使用了"-头"后缀,但所有名词都符合 Doetjes 对可数名词的定义,如"灯头""额头""被头""骨头""罐头""喉头""眉头""墙头""山头"等。

　　接下来我们集中回顾由 Cheng 和 Sybesma(1998,1999)提出来的影响更为深远的语义观。

2.2　Cheng 和 Sybesma(1998,1999)的语义观

　　Cheng 和 Sybesma(1998,1999)提出的汉语名词可数性的语义观认为,可数名词的指称"以离散的可数单位自然地呈现自己",而不可数名词的指称则不会以离散的个体呈现(英语原文是"Count nouns refer to entities which present themselves naturally in discrete, countable units, while mass nouns refer to substances which do not present themsevles in such units", Cheng & Sybesma, 1998:385)。根据这种观点,"人""笔""书"这样的名词被归类为可数名词,因为这些名词的指称以自然的离散单位出现。相对地,"酒""纸""汤"这类名词则被看作不可数名词,因为它们的指称是不具有自然边界的离散物体。

　　Cheng、Doetjes 和 Sybesma(2008)对汉语中可数名词和不可数名词的使用进行了阐释。

　　(1) 我们昨天吃了很多苹果。
　　(2) 我们昨天吃了很多冰激凌。

　　他们指出,在例句(1)中,"苹果"作为可数名词,指代可数的个体。当它与数量词"很多"搭配使用时,表示复数的概念,相当于英语中的"many apples"。相对地,在例句(2)中,"冰激凌"被看作一个不可数名词。因此,当它与数量词"很多"搭配时,就被认为表达了英语中的"much ice cream"的意思。

　　Cheng、Doetjes 和 Sybesma 强调,虽然两个句子都使用了"很多",但"苹果"和"冰激凌"在句中的语法属性和语义解读是不同的,前者是可数名

词,后者是不可数名词,不能将"很多苹果"解读为英语中的"much apple"。

Cheng 和 Sybesma(1998,1999)进一步指出,汉语中可数名词和不可数名词之间的语义区别在量词层面被语法化。根据他们的论述,可数量词(count classifier)(就是文献中所说的个体量词)对具有"内置语义划分"(built-in semantic partitioning)的名词的计量单位进行命名,选择可数名词进行搭配,因为这类名词本身已经内含了其计量单位。例如,"八头牛"中的可数量词"头"命名了"牛"这个物种固有的度量单位。

与此相对,不可数量词(mass classifier)则用于那些不一定具有内置语义划分的名词,为它们创造出一种计量单位。这些名词的指称可以是离散的自然单位,也可以不是。例如,在"两箱书"或"三磅肉"中,量词"箱"和"磅"并不依赖于名词本身的可数性质,而是提供了一种计量方式,无论这些名词所指的对象是否自然地以离散单元出现。

Cheng 和 Sybesma 提供了两项语言证据,说明可数量词和不可数量词属于不同的语法类别。首先,他们指出,在可数量词与其所修饰的名词之间,修饰标记"的"是不允许出现的。例如,在例句3(a)中,"八头牛"不能在"头"和"牛"之间插入"的"。同样,在例句3(b)中,"十张桌子"也不能在"张"和"桌子"之间使用"的"。然而,对于不可数量词,情况则有所不同。在不可数量词结构中,插入"的"是可接受的。如例句4(a)所示,"三磅肉"中的"磅"之后可以插入"的",形成"三磅的肉",而在例句4(b)中,"两箱书"也可以说成"两箱的书"。

     (3) a. 八头(＊的)牛。

        b. 十张(＊的)桌子。

     (4) a. 三磅(的)肉。

        b. 两箱(的)书。

其次,Cheng 和 Sybesma 指出,形容词不能插入数词和可数量词之间[见例句5(a)和5(b)],但在数词和不可数量词之间则可以使用形容词[见例句5(c)和5(d)]。

（5）a.　一（＊大）只狗。

　　b.　一（＊大）位老师。

　　c.　一大张纸。

　　d.　一小箱书。

最后，Cheng 和 Sybesma（1998，1999）将可数与不可数名词的区别与个体量词与其他类型量词之间的区别联系起来。他们认为，上述观察到的量词间的句法差异，实际上与可数和不可数名词在句法范畴上的差异有关。

然而，多位学者指出，Cheng 和 Sybesma 提出的区分可数量词与不可数量词的句法证据并不充分。我们首先探讨"的"的使用论点。在"数词-量词-名词"的结构中，量词和名词之间是否能够插入"的"，很大程度上取决于"数词-量词"组合是否可以作为修饰性谓语修饰和限定中心名词。研究显示，在特定的语篇语境下，无论是可数量词还是不可数量词，都可以采用这种修饰性谓语用法（Kuo，2003；Tang，2005；Li，2013）。以下示例引自 Tang（2005）。

（6）a.　苹果，他买了五个的，一共是二十个。

　　b.　他买了一盒十粒的苹果。

（7）a.　肉，他买了两包五磅的，不是两包四磅的。

　　b.　他买了（两包）五磅的肉。

在例句（6）和（7）中，位于"的"之前的"数词-量词"结构都经历了从名词性谓语向修饰性谓语的转变，实现了对中心名词的修饰和限定。因此，我们发现在插入"的"这一点上，可数量词与不可数量词之间并没有绝对对立，这与 Cheng 和 Sybesma（1998，1999）的观点相悖。

Cheng 和 Sybesma 关于形容词修饰的论点也是站不住脚的。事实上，即使是典型的可数量词，如"本"和"条"，也可以与形容词结合使用进行修饰，例如"一大本书"和"一大条鱼"。这明显与他们所声称的只有不可数量词才能被形容词修饰的观点相矛盾。实际上，陆俭明（1987）列举了许多与可数量词搭配的形容词实例，这进一步证实了可数量词同样能够接受形容词的修饰。以下是陆俭明(1987)文章中的一些例子。

(8) a. 吃了一大个馒头。
　　b. 租了一小间屋子。
　　c. 肩上扛了一大件行李。
　　d. 你别小看这几小粒黄豆。
　　e. 盖了一小座楼房。
　　f. 头上插着一小枝花儿。

Tang(2005)用反例质疑可数量词和不可数量词之间分布差异。在例句(9)中，"一小颗痣"使用了可数量词"颗"，与形容词"小"相结合。这个例子清楚地表明，即使是可数量词，也能够与形容词搭配使用，对名词进行修饰。

(9) 光靠点掉一小颗痣就能躲过什么灾难。

此外，不是所有不可数量词都能直接用形容词来修饰。正如 Kuo(2003：37－39)所观察到的，在通常情况下，用于表示度量单位的不可数量词并不与形容词结合。例如，表达"一长公尺"是不符合汉语语法习惯的，因为"长"作为形容词，在这里并不适用于修饰不可数量词"公尺"。

总的来说，Cheng 和 Sybesma(1999)提出的关于可数量词与不可数量词之间分布差异的观点面临众多反例，这使得它们的区分不足以作为汉语中可数与不可数句法特征的有效证据。尽管 Cheng 和 Sybesma 对这些分布差异进行了深入的语法分析，但他们的理论并没有明确解释这些句法差异同可数与不可数性的语法范畴之间的确切联系。例如，在汉语中，当我们说"一个苹果"时，可数量词"个"明确指代了一个单独的个体，即单独的一个苹果。相对地，在"一桶苹果"这样的表述中，不可数量词"桶"所指代的则不一定是一个个体，它可能包含多个苹果或者苹果的一部分，如切块的苹果等。这种用法展示了 Cheng 和 Sybesma 的理论未能充分解释的个体化与量化之间的细微差别。此外,Cheng 和 Sybesma 的理论也没有清晰地阐述量词与名词之间插入"的"以及形容词修饰量词的用法是如何与个体化和量化概念相联系的。这一点在他们的汉语可数与不可数的理论分析中显得尤为不足。

依据名词所指对象的本体物理特征来定义名词的方法是不可靠的。首先,说话者可以根据自己的需要,将任何物体视为一个独立的个体(如一张椅子),或者视为某种物质的一部分(如一些木材)。同样地,对于非固体物质,说话者也可以将其视为该物质的一部分(如一些泥土),或者作为一个个体表征(如水坑)。正如哲学家和语义学家所指出的,任何可数名词所指的个体,我们都可以通过"万能研磨机"(the universal grinder)的思想实验转向关注构成它的物质(Pelletier,1975;Bunt,1985)。我们将在第 6 章和第 7 章中深入讨论这个思想实验。同样,对于不可数名词,人们可以使用"万能分类器"(the universal sorter)的思想实验来将任何无定形物质概念化成离散的个体。例如,尽管"酒"本身是一种无定形物质,但在许多文化中,"红酒"和"啤酒"通常以瓶为单位出现,我们习惯于说"来一瓶红酒/啤酒"。因此,名词实体是否被视为离散的、可数的单位,取决于文化定义的界限和自然界限。人们总能够在想象中调整这些文化定义的界限,从而改变名词的可数性。

2.3　句法观

一些学者对上述纯语义的可数性观点提出了质疑,并转而采用句法分析方法来探究汉语名词的可数性特征。根据句法观,汉语中的光杆名词(即不伴随数词、指示词或量词的独立名词)本身在数量和个体化信息上是不确定的或非指定的。换句话说,这些名词在没有量词的情况下,并不明确表达可数或不可数的概念。相反,可数性通过量词结构来确定。这种观点得到了多位学者的支持,他们认为量词结构在句法层面上为名词提供了数量和个体化信息,从而实现了可数性的表达(Sharvy,1978;Hansen,1983;

Graham，1989；Bach，1989；Harbsmeier，1991；Krifka，1995；Chierchia，1998a，b；Bo，1999；Borer，2005；Huang，2009；Huang & Lee，2009；Rothstein，2010）。

Borer（2005）提出的句法观点在学术界受到广泛关注。她主张，名词的可数性或不可数性是由句法结构所决定的。在缺少明确的形态句法标记时，名词通常被默认为不可数，这被视为名词的初始状态。Borer 认为，这一理论适用于所有语言。以英语为例，名词的可数性由其单、复数形式和不定冠词的使用来决定。例如，在短语"two apples"中，名词"apple"加上了表示复数的后缀"-s"，这表明它指的是两个苹果个体，从而明确了其可数性的语法特征。

Borer 的句法观认为，在汉语中，量词是决定名词可数性的关键语法要素。例如，在"两个苹果"这个短语里，个体量词"个"与名词"苹果"搭配使用，指明"苹果"指的是可数的个体。在 Borer 的理论框架下，汉语的量词在功能上与英语中的单、复数形态标记（如不定冠词和名词后的复数-s）相当，它们都是句法结构中用于表达名词可数性的手段。这种分析强调了不同语言中形态句法标记的多样性及其在句法体系中承担的共同功能。

Pelletier（2012）的句法观点同样具有广泛的影响力。他也提出，可数与不可数的区别主要是由语法结构所决定的。在缺乏明确的可数性语法标记时，光杆名词可以被解读为可数，也可以被解读为不可数。Pelletier 指出，"每个名词的语义值都涵盖了所有使该名词成立的值"（the semantic value of every lexical noun contains all the values of which the noun is true）。从这个角度来看，Pelletier 认为名词在词汇语义层面上既包含可数的特征，也包含不可数的特征。

然而，从句法的角度来看，Pelletier 认为名词本身"在句法特征上可数与不可数没有明确的指定"（*unspecified* for the syntactic features ＋MASS/＋COUNT）。这意味着，名词的句法意义上的可数或不可数状态不在于名词本身，而是在包含名词的短语结构中所确定的。

Pelletier 使用词项"beer"阐释他的句法观点。这个词项在语义上具有可数和不可数的属性。然而，"beer"本身并不带有固有的可数或不可数的句法特征。它在句法上的可数性或不可数性是在短语结构中确定的。例如,当"beer"与可数限定词"a"结合形成可数短语结构"a beer"时,"beer"的语义值中所有不可数的特征就被删除了。相对地,当"beer"出现在不可数的句法结构中(如"some beer"),它的可数特征就被删除,只保留了不可数的特征。

Pelletier(2012)对汉语这样的量词语言中名词的可数性提出了类似的解释。他指出,名词在词汇层面上并不带有固有的可数或不可数的语义特征。在这些语言中,量词在构成量词短语时,对名词的可数性进行了明确的规定,从而在句法层面区分了可数和不可数(The classifiers in these languages enforce the+MASS/+COUNT distinction,but at the level of an entire "classified noun phrase",第 23 页)。

从跨语言的视角来看,Pelletier 的这一观点与 Borer(2005)的分析相呼应,他们都认为汉语这样的量词语言通过形态句法标记来表达名词的可数性,这一点与英语中用复数形态标记(如-s 后缀)和不定冠词来表达可数性的方式是一致的。简而言之,尽管表达方式不同,但两种语言都在句法层面上以形态句法手段来明确名词的可数性。

综上所述,句法观与语义观在解释汉语名词的可数性方面提出了不同的看法。语义观认为名词的可数性是由其指称的本体属性所决定的,这种属性体现在词汇层面上,将汉语名词划分为可数名词和不可数名词。相对地,句法观主张名词本身并不内含固定的可数或不可数特征,而是通过量词的使用来确定其可数性,量词因而成为汉语中一个关键的形态句法标记,用以确定名词的可数性。因此,句法观和语义观,哪个观点更能解释汉语可数性解读仍是待解决的问题。

迄今为止,句法观与语义观的争论主要集中于汉语名词短语的解读,而对于名词短语结构之外的可数性研究知之甚少。然而,可数与不可数问题是一种复杂的语言现象,因为它不仅涉及名词系统,还涉及其他短语结构,例如英语中的疑问代词短语(如"how many"与"how much")和量化词短语(如"many"和"much")。汉语中对于这些短语结构的可数性研究存在严重不足,所以我们对于不同短语结构的可数与不可数解读是如何表达,以及哪个观点可以更好地解释这些结构的可数性所知甚少。

因此，全面研究汉语中不同结构的可数性特征显得尤为重要。同时，探讨汉语名词短语与其他短语结构在表达可数性时是否展现出一致性，也是一个值得深入探讨的课题。这样的研究将有助于我们从更宏观的视角理解和分析汉语中名词的可数与不可数特性。

2.4 我们的观点

我们赞同汉语可数性的句法观，尤其是 Pelletier(2012)阐述的句法观。我们认同他提出的两个核心论点。第一，在没有形态句法标注的情况下，光杆名词的解读是有歧义的，允许可数解读和不可数解读。第二，量词是汉语里定义可数与不可数解读的重要形态句法标记。我们的观点与 Cheng 和 Sybesma(1998,1999)提出的语义视角有着明显的差异。

本小节系统探讨名词短语、不定疑问代词短语和量化词短语这三个短语结构的可数性，以探索汉语可数与不可数这一尚未解决的问题。研究包含两个主要目标：第一，我们探究量词的存在与否如何影响并决定上述三种短语结构的可数性；第二，我们将研究这三种短语结构在可数性表达上是否具有一致性。对这些短语结构可数性的全面分析将深化我们对汉语可数性的理解，使我们能够从更宽广的理论视角审视汉语可数性问题，并有助于澄清句法观与语义观在可数性问题上的争议。

下面我们分别阐述这三个短语结构的可数性问题。

2.4.1 量词对名词短语的可数性的影响

在汉语名词短语中，量词对与其共现的名词的可数性具有决定性作用。这种作用可以通过比较光杆名词和包含量词的名词结构在解读上的差异来加以阐释。

首先讨论光杆名词的解读。在没有量词的情况下，汉语中的光杆名词在可数性上是不确定的，它们既可以表示可数解读，也可以表示不可数解读。因此，我们认为光杆名词并未明确其可数性(参见 Borer，2005；Bale &

Barner，2009；Pelletier，2012)。例如，在例句(10)中，光杆名词"苹果"的解读就展示了这种多义性(Huang，2009：40)。它可以指代完整的苹果、苹果的切片，或者是苹果制成的泥状物质。此外，"苹果"还可以泛指苹果这一种类，如例句(11)所示。

(10) 盘子里有苹果。

(11) 苹果甜，橘子酸 。

在添加量词之后，名词可数性解读的不确定性就会消失。量词与名词结合的方式主要有两种：一种是形成名词和量词的复合词，另一种是量词直接修饰名词。先看第一种情况。Zhang(2013)对名词与量词构成的复合词的可数性进行了深入探讨。例如，在例句(12)中，量词"块"的使用明确了"苹果块"指的是块状的苹果。量词的加入消除了这种结构在可数性方面的歧义，为名词的可数性提供了清晰的界定。

(12) 盘子里有苹果块。

上面谈到的名词与量词结合形成的复合词结构在汉语中非常普遍。Zhang(2013：258)指出，几乎所有类型的汉语量词都可以跟随在名词之后，构成名词＋量词的复合名词结构。例句(13)是她给出的一些名词＋量词结构复合词的例子。

(13) 水滴　 羊群　 纸张　 花朵　 书本

这些例子展示了不同类型的名词如何与相应的量词结合，形成具有特定意义的复合词。例如，"水滴"中的"滴"是一个表示小量的量词，用来指代水的微小滴落；"羊群"中的"群"用来计量羊；"纸张"中的"张"用来计量纸张；"花朵"中的"朵"用来计量花；而"书本"中的"本"则用来计量书籍。通过这些量词的使用，名词的意义和可数性得到了更精确的表达。

此外，在名词前加上量词也可消除名词的可数性歧义。如例句(14)和(15)所示。

　　(14) 盘子里有个苹果。
　　(15) 盘子里有块苹果。

在例句(14)中，个体量词"个"的存在使该句只有一种解读，即盘子上有一个完整的苹果。而在例句(15)中，使用部分量词"块"明确指出盘子上是一块苹果的一部分。通过对比这两个例句，我们可以看到不同量词的选择会影响名词的可数性解读。

我们观察到，例句(10)(使用光杆名词)与例句(12)(使用名词加量词的复合结构)以及例句(14)和(15)(使用量词-名词结构)形成了三个最小配对：例句(10)与(12)对比；例句(10)与(14)对比；例句(10)与(15)对比。在例句(10)中，光杆名词"苹果"具有多种可能的解读，包括个体、物质和种类解读。相对地，例句(12)以及例句(14)和(15)中的量词修饰的结构，仅能表达由相应量词所限定的特定解读。因此，这三组含有"苹果"的句子在可数性解读上的差异，主要是由量词的选用所决定的。

我们的观点得到了实验数据的实证支持。我们在 Huang(2009)和 Huang 和 Lee(2009)汇报了汉语儿童和成人对上述例句(10)(即包含光杆名词的句子)和例句(14)(包含量词-名词结构的句子)的不同解读。我们将在第4章介绍这项研究。

除了研究量词对一般物体名词可数性解读的影响，我们还通过实验测试了量词如何影响汉语成人和儿童对集合名词(如"家具""工具""餐具")和有生命名词(如"狗""牛""羊")的解读。在文献中，这两类名词通常被认为是典型的可数名词，缺乏不可数解读(Cheng & Sybesma, 1998, 1999; Cheng, Doetjes & Sybesma, 2008; Liu, 2014; Lin & Schaeffer, 2018)。

然而，通过我们精心设计的实验，我们发现当集合名词和有生命名词作为光杆名词使用时[分别见例句 16(a)和 17(a)]，它们都能够得到可数和不可数的解读。但是，当这两类名词与个体量词连用时[分别见例句 16(b)和

17(b)〕，它们只能得到个体解读。这些实验结果充分说明即使是通常被认为是可数名词的集合名词和有生命名词，它们也没有固定的可数性，而量词的使用是决定名词可数性的关键因素。

    （16）a. 青蛙妖怪吃了更多家具。

           b. 青蛙妖怪吃了更多个家具。

    （17）a. 大鸟妖怪吃了更多狗。

           b. 大鸟妖怪吃了更多只狗。

我们将在第 5 章和第 6 章分别阐述 Huang、Li 和 Meroni(2022)对汉语集合名词所开展的理论探讨与实验研究，在第 7 章和第 8 章详细呈现 Huang、Zhang 和 Crain(2024)针对汉语有生命名词进行的理论剖析及实验探究。

2.4.2　量词对不定疑问代词短语的可数性的影响

与名词短语的可数性解读类似，汉语中疑问代词短语的可数性解读同样受到量词的影响。这一点可以通过比较疑问代词"多少"和"多少个"的不同解读来体现。

我们先来探讨光杆疑问代词"多少"。由于缺少量词，短语"多少-名词"的可数性解读不明确。以例句(18)为例进行说明。

    （18）你买了多少苹果？

例句(18)具有两种可能的解读方式：一种是询问购买的苹果的数量，另一种是询问苹果的重量。首先，听者可能会将这个问题理解为对苹果重量的询问，相当于英语中的"How much apple did you buy?"在这种解读下，疑问代词"多少"被理解为不可数的"how much"，而名词"苹果"则被解读为不可数，指苹果的重量。因此，听者可能会回答"两公斤苹果"，其中量词"公斤"明确了苹果的计量单位。

另外，听者也可能将例句(18)理解为对苹果数量的询问，相当于"how many apples did you buy?"在这种解读下，疑问代词"多少"被理解为可数的"how many"，而名词"苹果"则被解读为可数，指苹果的数量。基于这种解读，听者可能会回答"两个苹果"。

接下来，我们探讨"多少个"的可数性解读。与光杆疑问代词"多少"相比，它增加了个体量词"个"。个体量词的加入限定了这个疑问代词只能有可数的"how many"解读，并且相关的名词也只接受可数解读。"多少个"的解读与另一个包含量词的疑问代词"几个"的解读是一致的。这一点可以通过例句(19)和(20)来具体说明。

(19) 你买了多少个苹果?

(20) 你买了几个苹果?

例句(19)和(20)中的两个问题都传达了"How many apples did you buy?"的询问意图。在这种解读下，"多少个"和"几个"都相当于英语中的"how many"，相关的名词"苹果"被解读为可数，指代具体的个体苹果。因此，对于这两个问题，我们只能使用能够指明个体数量的短语(如"两个苹果")来回答。

以上讨论了疑问句中"多少""多少个"和"几个"的疑问用法。现在，我们将展示它们在非疑问语境中的相同语义表达。疑问代词的非疑问用法可以出现在光杆条件结构中，如下面的例句(21)~(23)所示。在这些光杆条件句中，疑问代词在条件句的前后两部分中成对出现，每对代表相同的数量，这是条件句的一个典型特征(Cheng & Huang, 1996; Lin, 1996; Chierchia, 2000)。

(21) 兔子吃了多少萝卜，马就吃了多少萝卜。

(22) 兔子吃了多少个萝卜，马就吃了多少个萝卜。

(23) 兔子吃了几个萝卜，马就吃了几个萝卜。

类似于之前讨论的"多少"在疑问句中的用法,例句(21)中的非疑问形式"多少"并不明确指定可数性,因此存在"how many"和"how much"两种可能的解读。一方面,如果采用"how much"的不可数解读,该句意味着兔子和马吃了相同重量的萝卜。在这种解读下,名词"萝卜"被理解为不可数,代表萝卜的重量。另一方面,如果采用"how many"的可数解读,例句(21)则表示兔子和马吃了相同数量的萝卜。在这种情形下,名词"萝卜"被理解为可数,指具体的萝卜个体。

与光杆疑问代词"多少"的相比,例句(22)和(23)中的疑问代词"多少个"和"几个"由于包含量词,因此不存在可数性方面的歧义,只有"how many"的可数解读。在这些情况下,相关的名词只表达可数解读,即兔子和马吃了相同数量的萝卜。

总体而言,对于"多少""多少个"和"几个"的疑问与非疑问用法,其可数性取决于量词的存在与否。"多少"本身不指定可数性,因此它能够表达"how much"的不可数意义,或"how many"的可数意义。相应地,与之共现的名词可以是可数的,也可以是不可数的。然而,"多少个"和"几个"由于含有量词,仅具有"how many"的可数意义,与之共现的名词也只表达可数意义。

我们的分析得到了实验数据的支持(Huang, Ursini & Meroni, 2021)。研究发现,汉语学龄前儿童和成人能够根据不同的语境,为"多少"不定疑问代词短语赋予可数或不可数的解读,而对于"多少个"的不定疑问代词短语结构,则仅赋予可数解读。我们将在第 9 章详细回顾这项研究。

2.4.3　量词对量化结构的可数性的影响

量化结构与可数性问题紧密相关。例如,在英语中,量化词可分为三个子类:可数量化词(如"every、several、many、few")、不可数量化词(如"much、little")以及未指定可数性的量化词(如"a lot of、more、most、all、some、plenty of")(Chierchia, 1998b)。这些量化词的可数或不可数属性决定了与之共现的名词的可数性(Borer, 2005)。

汉语中的量化词可数性问题在学术文献中研究较少。在本节中,我们提出，与名词短语和不定疑问代词短语的可数性问题相似，汉语量词的存在与否决定了量化结构的可数性。这一点可以通过比较光杆量化词"很多"与包含量结构的量化词"很多个"的解读差异具体说明。

具体而言，光杆量化词"很多"类似于英语中的"a lot"，它既可以作为可数量化词使用，也可以作为不可数量化词使用。然而，包含量词的量化词"很多个"仅作为可数量化词使用，表达"many"的解读。这两种量化词的不同可数性，决定了与之共现的名词的可数性。接下来，我们将详细解释这些差异。

我们先考虑光杆量化词"很多"。正如前面所述，这个量化词能够以可数或不可数的方式使用。当"很多"作为可数量化词时，它所修饰的名词指的是可数的个体。例如，在例句(24)中，"很多苹果"可以指代很多苹果个体，这相当于英语中的"many apples"，是一种可数的解读。在这种解读下，这个短语并不传达有关苹果大小或重量的信息，只表明存在许多苹果个体。因此，即使这些苹果很小，只要数量足够多，这个句子也是成立的。这种可数用法可以通过例句(25)来进一步验证，其中表明尽管吃了苹果，但仍感到饥饿。

(24) 我们昨天吃了很多苹果。

(25) 我们昨天吃了很多苹果，但还是很饿。

另外，当"很多"作为不可数量化词时，它修饰的名词指的是不可数的集合或物质。在例句(24)的不可数解读中，"很多苹果"可能指的是大量的苹果物质，相当于英语中的"much apple"。在这种解读下，名词"苹果"并不指具体的个体，而是强调苹果的总量足以让人感到饱足。这种不可数用法可以通过例句(26)来验证，其中表明吃了苹果后感到非常饱足。

(26) 我们昨天吃了很多苹果，吃得很饱。

到目前为止，我们已经观察到，在缺少量词的情况下，光杆量化词短语

"很多苹果"可以接受可数解读或不可数解读。因此，Cheng、Doetjes 和 Sybesma（2008）提出的"很多苹果"仅具有可数解读"many apples"的观点并不全面。更准确的表述是，为了获得唯一的"many apples"解读，需要添加个体量词，如"个"，如例句（27）所示。

(27) 我们昨天吃了很多个苹果。

由于例句（27）中个体量词"个"的存在，量化词短语"很多个苹果"不能得到不可数的解读。这导致了例句（27）（含有"很多个苹果"）与例句（24）（含有"很多苹果"）的解读差异。

我们采用了相同的方法重新审视了 Cheng、Doetjes 和 Sybesma（2008：53）的观点，他们声称"很多冰激凌"属于不可数形式，只表达"much ice-cream"的解读。我们认为，在例句（28）中，短语"很多冰激凌"能够表达可数和不可数的双重解读。例如，它可以指冰激凌甜筒（可数解读）或冰激凌这种物质（不可数解读），具体解读取决于语境。如例句（29）所示，当添加个体量词"个"时，这种可数性歧义的问题便得以解决。由于量词"个"的存在，句子明确表达了"we ate many individual ice creams"的可数解读，排除了不可数解读的可能性。

(28) 我们昨天吃了很多冰激凌。
(29) 我们昨天吃了很多个冰激凌。

简言之，例句（24）和（27）与例句（28）和（29）构成了两组有无量词的最小配对。量化词短语中量词的存在或缺失决定了相关名词的可数性。缺少量词时，量化词短语的可数性不明确，允许可数或不可数的解读。而当量词存在时，可数性歧义的问题便得到解决。这与我们在前两节中讨论的名词短语结构和不定疑问代词短语结构的可数性表达是一致的。

我们对量化词"很多"和"很多个"的分析也得到了实验研究的证实。在一项研究中，我们采用了真值判断任务（Crain & Thornton，1998）来测试汉语母语者成年人对这两个量化词的理解。实验的目标是验证汉语成人是否能够在恰当的语境下，将可数和不可数的解读赋予光杆量化词"很多"，同时仅将可数的解读赋予包含量词的量化词"很多个"。实验结果支持了我们上面的分析。具体的实验方法和结果可以在 Huang(2019)中找到详细描述。未来，我们计划扩展我们的研究范围，以探究汉语儿童对量化词"很多"和"很多个"的解读是否与成人的理解相似。这项研究将有助于我们更深入地理解语言习得过程中对可数性和量词使用的理解发展。

除了探讨"很多"与"很多个"这对量化词之外，汉语中还存在着许多类似的量化词对，如"更多"与"更多个"等。我们推测，这些量化词在可数性解读上可能遵循着相似的模式，即光杆量化词可能具有可数和不可数的双重解读，而当它们与个体量词结合时，则倾向于表达明确的可数解读。然而，由于篇幅所限，我们在此不进行更深入的探讨，但这一主题无疑为未来的研究提供了丰富的素材。

2.5　小结

我们已经详细探讨了名词短语、疑问不定代词短语和量化词短语中的可数性问题。通过最小配对方法，我们检验了这三种结构在量词存在与否时的可数性解读。具体来说，在名词短语中，我们对比了光杆名词与名词-量词复合词以及量词-名词结构的可数性差异。在疑问不定代词短语中，我们分析了光杆不定疑问代词"多少"与带量词的不定疑问代词"多少个"和"几个"的可数性解读。在量化词短语中，我们比较了光杆量化词"很多"与包含量词的量化词"很多个"的可数性解读。

我们的分析揭示了一个共同的模式：量词的存在是决定与其共现名词可数性的关键。包含个体量词的表达式（如名词-量词结构："多少个""很多个"）及其相关名词倾向于获得可数解读。相反，在缺乏量词的情况下，光杆形式（如光杆名词："多少""很多"）及其相关名词的可数性则依赖于语境，可能表达可数或不可数的解读。

综合上述分析，我们支持汉语可数与不可数的句法观，即汉语的可数性是由形态句法,尤其是量词所塑造的。汉语中的名词本身并不具有固有的可数性;可数与不可数的解读是在超出名词本身的更大结构中建立的(Allan,1980;Borer,2005;Pelletier,2012)。汉语量词作为名词之外的功能范畴(Cheng & Sybesma,1999;Borer,2005;Zhang,2013),其标记可数性的功能与其他语言中的一些形态句法手段(如限定词、数量词和复数形态)具有相似性(Borer,2005;Piriyawiboon,2010;Rothstein,2010;Mathieu,2012;Cowper & Hall,2012)。在后续章节中,我们将使用实验数据来验证本章的理论分析。

第 3 章
汉语可数性的儿童语言习得研究综述

在第 2 章,我们详细探讨了理论语言学家对可数性的两种不同观点:
句法观和语义观。在儿童语言习得领域,也存在句法优先和语义优先的不
同观点。本章将首先回顾这两种不同的儿童语言习得观点,然后回顾有关
汉语可数性的儿童语言研究文献。

3.1　可数性习得的语义优先论

语义优先论认为,儿童在语言习得过程中采用自下而上(bottom-up)的
方式,他们从现实世界中的事物开始,主要通过感知事物形成他们对名词可
数性的判断:他们倾向于将可数的物体(objects)与可数名词联系起来,而
将物质(substance)与不可数名词联系起来(Macnarama,1982;Bloom,
1990,1994a,b;Soja,Carey & Spelke,1991;Soja,1992;Macnamara &
Reyes,1994;Imai & Gentner,1997)。儿童被认为天生具有将物体感知与
名词类别相联系的能力(Macnamara & Reyes,1994;Macnamara,1972)。

Soja 等(1991)为语义优先的观点提供了一项具有影响力的实验研究。
这项研究发现,在儿童掌握可数与不可数的形态句法之前(2～2.5 岁),他
们已经能够根据物体的本体特征(物体或物质)来推断新词的意义。这项研
究采用新词推断任务,实验分为物体试验条件和物质试验条件。在物体试
验条件中,实验员首先向儿童说出一个新词(如"blicket"),同时展示一个参
考物体(如一个金属制成的 T 形物体),然后邀请儿童在另外两个备选物品

中选择相同的物品。在这两个备选物品中，一个是与参考物品形状相同但由不同材料制成（如塑料制成的 T 形），另一个是由相同材料制成的多个小部件（如三块金属制成的 T 形小碎片）。结果显示，儿童普遍选择与参考物品形状相同但由不同材料制成的物体（选择塑料制成的 T 形）。

同样，在物质试验条件中，实验员首先向儿童说出一个新词（如"stad"），同时展示一种非固体材料制成的参考物品（如半圆弧形的黏土）。接着，实验员邀请儿童在另外两个备选物品中选择与参考物品相同的物品。其中一个备选物品是与参考物品形状相同但由不同材料制成的物质（如半圆弧形的面团），另一个是由相同材料制成的多个小堆（如几小堆黏土）。结果显示，儿童普遍选择材料相同的物品（如几小堆黏土）。

另外，实验结果还表明，儿童在这个新词推断任务中的表现与他们对可数与不可数语法的掌握程度之间没有相关性，这样的实验结果说明儿童在早期词汇学习中主要依赖本体类别信息而非语法信息。

语义优先论将名词指称的本体特征与它们的可数与不可数的语法地位联系起来。这对儿童语言习得来说，确实是一个很好的启动。但是，在成人语法中，名词的可数与不可数并不总是与名词指称的本体属性一致。比如，英语中的集合名词"furniture"虽然可以指称个体家具，但是它却是一个不可数名词。因此，儿童如何达到成人语法水平，对语义优先论是一个挑战。正如 Macnamara(1982)所说，英语儿童如何习得"furniture"这样实物与句法不对等的名词的可数性仍然是一个谜。他用一个简单的比喻说明了他对儿童词汇习得的猜想：儿童通过语义梯子爬上语法，然后踢掉梯子。虽然语义让他开始，但它不能带他走完全部路程(Macnamara，1982：134)。也就是说，Macnamara 承认语义优先的猜想只适用于儿童词汇习得的早期阶段。

3.2 可数性习得的句法优先论

与关注名词语义属性的语义优先论不同，句法优先论认为儿童需通过学习相关形态句法及其分布确定名词的可数或不可数类别，语义线索起次要作用（Quine，1960；Gordon，1982，1985，1988；Gathercole，1986；Levy，1988）。也就是说，句法优先的观点认为可数与不可数的区分本质上属于句法范畴，儿童对名词的本体属性的感知起到的作用较小，名词的可数性习得更多地与其所在句法结构相关。

句法优先观点最早可以追溯到哲学名著 Quine(1960)这一研究中。Quine(1960)提出，学习名词时仅了解所指事物的语义概念是不够的，还需借助名词量化的语法来确定个体的"分离指称"（divided reference）。以"apple"为例，学习"apple"时，不仅要知道什么算苹果，更要通过限定词等语法手段明确多少算一个苹果（an apple），以及多少算另一个苹果（another apple)(Quine，1960：91）。Quine 的这一见解源于他对名词学习机制的深刻洞察，即单纯的语义理解无法精确界定名词所涉及的个体数量，只有借助特定的语法结构才能实现这一目的。这凸显了语法在语言学习和意义构建过程中的基础性地位。

Gordon(1982)进行了一系列实验，探究英语儿童在学习新名词时，依据语义还是句法信息进行名词分类。在一个新词诱导产出实验中（elicited production task)，实验员通过特定的语境介绍一个新名词，并要求儿童完成句子任务来判断其分类情况。具体来说，实验设置了四种测试条件：句法结构与语义信息相一致、句法结构与语义信息相冲突、仅语法结构信息和仅语义信息。

比如，在句法和语义信息相一致的条件下，实验员多次使用新词的可数形式介绍单个物体，或者多次使用新词的不可数形式介绍一组物体或物质。而在句法和语义信息相冲突的条件下，实验员多次使用新词的可数形式介绍一组物体或物质，或者多次使用新词的不可数形式介绍单个物体。

可数结构举例如下：

This is a garn. Have you ever seen a garn before? Well, this is a (red) garn and here's a (blue) garn, and here's another garn.

不可数结构举例如下：

This is garn. Have you ever seen any garn before? This is some (green) garn, and this is (green) garn as well.

最后,实验员让儿童完成"Over here we have a/some garn, over there we have more. . ."的句子,然后根据儿童回答的单复数形式,判断其对名词的可数性分类。如果儿童用复数形式(more garns),这被视为可数名词分类的证据。如果使用非复数形式(more garn),则被视为不可数名词分类的证据。

结果显示,在冲突条件下,4～5 岁的儿童容易受到句法信息的影响,3～4 岁的年幼儿童也表现出句法偏向,语义信息的影响不明显,这表明句法信息在儿童可数性名词分类中占据主导地位。同时,对比一致与冲突条件发现,一致条件下儿童反应更为明显受到句法信息的影响。

另外,Barner 和 Snedeker(2005)也为句法优先的观点提供了重要的实验数据。这项研究采用数量判断任务,实验材料为石头、绳子和纸等语义中性的物体。例如,实验员将一块大石头和三块小石头同时呈现在儿童面前。随后,实验员用"stone"的可数和不可数形式询问儿童:在可数的语法结构中,问题是"Who have more stones?"而在不可数的语法结构中,问题则为"Who have more stone?"

实验结果表明,儿童在进行数量判断时,在很大程度上受到名词的句法范畴的影响。在面对不可数语法结构时,儿童会倾向于依据物体的总体重量来进行判断。比如在"Who have more stone?"的问题情境下,他们倾向选择一块大石头。而当处于可数语法结构的问题情境中,如"Who have more stones?"时,儿童则会依据物体的实际数量来做出判断,此时他们会选择倾向于三块小石头。

这一实验结果充分显示出,在儿童早期的可数性性质的习得过程中,他们对句法信息具有高度的敏感性。该实验为深入研究儿童语言习得过程中句法与语义之间的复杂关系提供了重要的实证依据。

3.3　汉语可数性习得研究回顾

在汉语名词可数性的儿童语言习得文献中,关于句法优先还是语义优先的探讨尚显不足。目前所见的儿童语言习得成果,大多在 Cheng 和

Sybesma(1998,1999)的理论框架下展开。在本书第 2 章的论述中,我们曾回顾 Cheng 与 Sybesma 的观点,他们认为汉语具有可数与不可数的语法范畴,且这种范畴体现在量词结构中。依其理论观点,汉语量词被划分为可数量词与不可数量词两大类,分别与学界惯常使用的个体量词和非个体量词相对应。目前有三项研究试图为 Cheng 与 Sybesma 的理论提供实证支撑,它们分别是 Chien、Lust 和 Chiang(2003),Huang(2007)以及 Li、Barner 和 Huang(2008)。

我们先来看 Chien、Lust 和 Chiang(2003)的研究。这项研究采用图片识别法,测试了 3~8 岁儿童对可数量词和不可数量词的理解。在测试过程中,儿童需要在听到米老鼠说出"一＋量词＋什么"时,从三个熟悉的物体中选出一个。其中的量词包括可数量词(如"只、张、棵、顶、辆、条、个、件、本、朵、块、根、片")和不可数量词,且这些不可数量词都是容器量词(如"杯、碗、瓶、包")。如果儿童能够根据量词和名词的搭配选择正确的物体,就说明他们对可数与不可数语法范畴的区别比较敏感。

以测试可数量词"条"为例。在实验中,实验者用图片呈现三个玩具,这三个玩具分别是一支铅笔、一根绳子和一棵树。然后,实验者向儿童说米老鼠想要"一条＋什么"。在这个情境下,如果儿童挑选了绳子,那么就将其判定为做出了正确选择;反之,如果儿童选择了其他玩具,如铅笔或树,就被认为做出了错误的选择。实验者运用相似的测试方法,对不可数量词进行了相应的测试。

Chien、Lust 和 Chiang 的实验结果显示,儿童很少用可数量词与指称物质的名词搭配使用,也很少用不可数量词与指称个体的名词搭配使用。基于此,他们认为汉语儿童对汉语语法中的可数与不可数语法范畴具有敏感性。

我们对 Chien、Lust 和 Chiang 的结论持谨慎态度。这是因为我们同样可以将儿童在"量词-名词"结构中所做出的选择,解读为词汇搭配效应所产生的结果,而非将其视为儿童已经掌握了可数与不可数语法范畴的有力证明。具体而言,在上述"条"的测试情境中,儿童之所以倾向于选择绳子,或许是因为相较于"条-铅笔"以及"条-树"这两种搭配,他们对于"条-绳子"这一搭配更为熟悉。毕竟,"条-铅笔"和"条-树"这样的量词-名词搭配在成人的话语表达中是不被接受的,因而对于儿童而言,这些搭配可能听起来古怪,不符合他们所习惯的语言使用模式。

另外,即使儿童在测试中选择了目标物品之外的物品,例如在上述测试中选择了铅笔而非绳子,这也无法证明这两个选项在可数与不可数概念上的差异。因为"绳子"和"铅笔"都指称可数的个体物体,它们在可数性上并无本质区别。

Huang(2007)在其研究中借鉴了 Chien、Lust 和 Chiang(2003)所采用的图片识别法,但引入了除容器量词之外的不可数量词,具体涵盖了标准量词、部分量词以及集体量词。Huang 同样观察到其实验中的 3～5 岁之间儿童选择了预期的"量词-名词"搭配。我们同样认为 Huang 研究所得出的结果,或许并非源自儿童对可数与不可数语法范畴知识的掌握,而更可能是由于词汇搭配效应所导致,即儿童在选择过程中可能更多的是基于对特定"量词-名词"搭配的熟悉程度,而非基于对可数与不可数概念区别的真正理解。

Li、Barner 和 Huang(2008)的研究是在 Cheng 和 Sybesma(1998,1999)的基础上,对可数量词和不可数量词的习得进行的新的探索。此项研究使用新词,避免了我们上面提到的词汇搭配效应。此研究有三项实验:实验一是关于可数量词的习得,实验二是关于可数量词和不可数量词习得的比较,实验三是关于汉语儿童对可数与不可数句法的敏感性。

实验一探究 4～6 岁汉语儿童和成人对可数量词的理解。实验采用了 Chien、Lust 和 Chiang(2003)采用的图片选择方法,但对其进行了修改,为每个测试项提供了三个盒子,分别装有不熟悉的固体物体、不熟悉的非固体物质以及一个封闭盒子。实验中木偶将会索要其中一件物品("我想要一+量词+什么"),被试需根据木偶提供的量词选择一个盒子。被试被告知,如果木偶要的东西不在打开的盒子内,那就在封闭的盒子内。根据作者的说法,运用三个盒子是为了避免强制二选一法带来的问题:当只有两个选项时,即使被试认为两个选项都不符合要求,他们也必须做出选择。而在这三个盒子的实验场景中,如果被试对两个打开的盒子都不满意,他们可能会认为正确的选择隐藏在封闭的盒子里。因此,封闭盒子策略给予了被试第三个选项。

实验一主要测试了"根、支、条、张、片、块"这六个可数量词,针对每个量词设置了无形状匹配、固体形状匹配和非固体形状匹配三个实验条件。实验结果显示,在无形状匹配条件里,三个年龄组选择封闭盒子的比例均高于33％的随机水平,并且年龄越大,选择封闭盒子的倾向越明显。在形状匹配条件中,对于固体形状匹配情景,参与者大多会选择形状匹配的固体;而在非固体形状匹配情景中,成年人和 4 岁儿童更倾向于选择封闭盒子。这表明所有年龄组在判断时更注重形状而非实体性,也说明儿童最初是通过关注物体的形状来学习量词的,对实体性的敏感度会随着年龄的增长而逐渐发展。

采用相同的三盒选择法,实验二测试 4～6 岁汉语儿童和成人对集合量词"堆"和"团"(也就是 Cheng 和 Sybesma 所说的"不可数量词")和可数量词("根"和"片")的理解。结果显示,成人能准确根据量词的形状和固体规范选择物品,并正确区分个体量词和集合量词在语法上的不同用法。儿童虽能依据形状选择,但对固体规范的理解和集合量词的语法功能掌握不如成人,表明儿童对量词的理解是一个随年龄增长而逐步发展的过程。

实验三用于测试汉语儿童对量词句法知识的掌握情况。该实验基于 Cheng 和 Sybesma(1998,1999)提出的两条区分可数与不可数量词的语言证据,即"的"的插入和形容词的修饰(见第 2 章)。在实验中,实验员展示了两个选项:一个是完整的物体,另一个是不完整的物品,例如,一张完整的 CD 和 CD 的一部分。然后,要求儿童将两个句子——"一＋形容词＋量词＋的＋名词"(如"一小片的 CD")和"一＋量词＋形容词＋名词"(如"一片小 CD")——与这两个选项进行匹配。结果显示,成人能够准确地将"一＋量词＋形容词＋名词"结构与完整的物体匹配,而将"一＋形容词＋量词＋的＋名词"结构与不完整的部分物体匹配。在儿童数据方面,5 岁儿童的表现优于 4 岁儿童。到 6 岁时,儿童开始对这两种不同句型的使用表现出一定的敏感性,但仍未完全掌握相关知识。

3.4　小结

本章综述了汉语儿童可数性习得的研究,探讨了语义优先和句法优先两种不同的儿童语言习得观点。语义优先观点认为儿童通过感知事物的本体特征来形成对名词可数性的判断,而句法优先观点则强调儿童需学习相关形态句法及其分布来确定名词的可数性。

在汉语儿童语言习得的研究领域,相关研究多在 Cheng 和 Sybesma (1998,1999)的理论框架下展开。Chien、Lust 和 Chiang(2003)以及 Huang (2007)的研究采用图片识别法,测试了儿童对可数量词和不可数量词的理解,发现儿童对不同量词具有敏感性。然而,我们认为这些研究可能更多地反映了词汇搭配效应,而非对可数与不可数概念的真正理解。Li、Barner 和 Huang(2008)的研究使用新词避免了词汇搭配效应,用三项实验探讨了汉语儿童对可数量词和不可数量词的习得。他们发现儿童最初通过关注事物的形状来学习量词,对实体性的敏感度随年龄增长而发展。

尽管这些研究提供了宝贵的实证数据,但实验方法存在局限性。改进的三盒选择法仍无法避免被试必须在给定选项中做出选择的固有缺点,这可能只反映了被试对某种解读的偏好程度。我们需要探索更有效的实验方法,以便准确地评估儿童对可数性概念的掌握程度。另外,现有的实验研究没有仔细探究形态句法和语境如何交互影响汉语名词的可数性解读。我们将在后续章节中呈现我们在这方面做出的努力,以促进汉语可数性问题的深入探讨。

第 4 章
一般物体名词可数性的儿童语言实验

4.1 实验背景

我们在第 2 章谈到,我们支持汉语可数性的句法观,尤其是 Borer (2005)和 Pelletier(2012)提出的句法观。我们进一步将可数性特征划分为两个主要维度:数量和个体化。我们提出,那些未与数词、指示代词或量词共同出现的光杆名词,在数量和个体化特征上是未明确指定的。

比如说,例句(1)中的光杆名词"苹果"可指一个或多个苹果,也可指代苹果块,甚至是苹果泥。

(1) 桌上有苹果。

可数性的信息可以通过量词结构来明确表达。给例句(1)插入个体量词"个"后,如例句(2)所示,句子在数量和个体化维度方面的模糊性都消失了,这个句子只有一种解读:桌上有一个完整的苹果。

(2) 桌上有个苹果。

我们在 Huang (2009)以及 Huang 和 Lee(2009)研究了汉语儿童如何理解和处理一般物体名词的可数性问题。我们按照上述研究思路,比较了学龄前汉语儿童和成人如何解读光杆物体名词以及与量词结合使用的物体名词。在下面的小节中,我们将总结并报告这项实验的结果。实验结果表明,汉语儿童对汉语名词可数性的解读方式支持句法论的观点,而不支持语义论的观点。

4.2　被试信息

我们在深圳的一所幼儿园招募了 72 名 3~6 岁的儿童参加此项儿童语言实验。在实验过程中,有 8 名儿童因为无法理解测试任务或注意力不集中而未能完成测试,这部分儿童的数据没有被纳入最终的分析。其余的 64 名儿童被分为两个组别:4 岁组,包括 26 名平均年龄为 4 岁 1 个月的儿童,他们的年龄范围是 3 岁半~5 岁之间;5 岁组,包括 38 名平均年龄为 5 岁 10 个月的儿童,年龄范围是 5~6 岁半之间。

此外,为了进行对比分析,我们还招募了 12 名成年汉语普通话使用者作为控制组,这些成年人在香港中文大学学习或工作,他们的年龄分布在 24~32 岁之间,平均年龄为 28 岁。

儿童组和成人控制组的信息总结如表 4-1 所示。

表 4-1　被 试 信 息

年 龄 组	被 试 数 量	年 龄 范 围	平 均 年 龄
四岁组儿童	26	3 岁 6 个月~5 岁	4 岁 1 个月
五岁组儿童	38	5 岁~6 岁 6 个月	5 岁 10 个月
成 人	12	24~32 岁	28 岁

4.3　实验设计和实验材料

在这个实验中,我们考察了汉语名词与四种个体量词搭配使用的情况,这些个体量词包括:作为通用量词的“个”,以及三个特定个体量词“只”“条”和“张”。除了量词“只”与单一名词搭配外,其他每个量词都分别与两个不同的名词搭配使用。以下是我们实验中使用的量词-名词组合。

（3）a. 与"个"搭配的名词包括"梨子、苹果"。

b. 与"条"搭配的名词包括"鱼、裤子"。

c. 与"张"搭配的名词包括"椅子、图画"。

d. 与"只"搭配的名词包括"青蛙"。

在语义层面，"个"作为普通话中的通用量词，语义呈中性，能够与广泛的名词搭配。相较之下，量词"只""条"和"张"则因各自独特的语义特征而被视为特定量词。具体而言，"只"更倾向于修饰表示有生命实体的名词，"条"常用于描述长条形状的物体，而"张"则用于指代具有平面特性的物品 (Tai & Wang, 1990；Tai & Chao, 1994)。我们的实验虽然没有直接考察汉语儿童对这些量词语义属性的习得情况，但根据现有研究，这些量词属于儿童早期习得的量词种类(Hu, 1993)。因此，我们合理推测三岁及以上的儿童应能够理解这些量词。

每个名词都分别被置于三个不同的语言结构中：光杆名词、"个体量词-名词"和"数词-个体量词-名词"。在最后一种结构中，使用的数词限于"一"或"二"。测试句由两个结构相似的分句构成，每个分句都描述物体的存在状态。

下面以名词"梨子"为例，展示一般物体名词在这三种测试句型中的解读。其他测试句见附录一。

光杆名词结构：这种结构只包含名词，没有量词或数词的修饰。

（4）地上有梨子，桌上也有梨子。

量词-名词结构：这种结构中，名词由量词修饰，但不加数词。

（5）地上有个梨子，桌上也有个梨子。

数词-量词-名词结构：这种结构中，名词前有数词（"一"或者"二"）和量词。

（6）地上有一个梨子，桌上也有一个梨子。

这些测试句用来探索儿童如何根据个体量词的存在与否，以及数词的加入，来理解名词的可数性解读。

如表 4-2 所示，以上三种测试句分别与五幅图片情景相对应，其中三幅图片展示了完整物体的场景（图片 1、图片 2、图片 3），而另外两幅则展示了部分物体的场景（图片 4、图片 5）。

表 4-2　"梨子"的五种图片情景和预期回答

句　型	图片 1	图片 2	图片 3	图片 4	图片 5
光杆名词	对	对	对	对	对
量＋名	对	不对	不对	不对	不对
数＋量＋名	对	不对	不对	不对	不对

对于包含光杆名词的例句（4），由于其可数性的数量维度和个体化维度都不明确，它可以指代单个或多个物体，既可以是完整的物体，也可以是物体的一部分，因此对五种图片情景的预期回答都是接受该测试句。

然而，对于采用"量词-名词"结构的例句（5）和"数词-量词-名词"结构的例句（6），由于个体量词要求其后的名词指代一个完整的个体，因此只有表 4-2 中的图片 1（展示一个完整物体）是可接受的。对于其他四种情景（展示多个完整物体或部分物体），预期的反应是拒绝。

在我们的实验设计中，我们分别考察了可数性的两个关键维度：数量和个体化。具体来说，表 4-2 中的图片 1～图片 3 被用来测试数量维度，这是通过统一个体化维度(即所有物体都为整体)但改变物体的数量(单个或双个)来实现的。在设计数量维度的测试时,我们设置了数值匹配和不匹配两种情况。当测试句中出现光杆名词时,所有三张图片都属于数值匹配的情况,因为光杆名词的数量特征是不确定的。然而,对于"量词-名词"和"数词-量词-名词"这两种结构,只有图片1符合数值匹配的条件,因为图中物体的数量恰好为一;而图片2和图片3则展示了数值不匹配的情况,因为这些图片中的物体数量为两个。通过这种正反对比实验设计,我们能够评估可数性的数量维度。

图片4和图片5专门用于探究可数性的个体化维度。这两张图片均展示了单一物体,但都呈现了完整物体与部分物体的场景。通过这种方式,我们保持了数量维度的一致性(即物体数量为一),同时将个体化维度作为变量进行考察。这种设计允许我们单独评估可数性的个体化维度。

我们为每个名词设计了三种不同的测试句型,每种句型都与五张不同的图片相对应,从而构成了15个测试项目。根据汉语成人的语法习惯,我们预测在这15个测试项目中,有7个项目将得到肯定的回答,而剩下的8个项目将得到否定的回答。

综合来看,整个实验共设计了105个测试项目(15个测试项×7个名词)。这些测试项目被随机分配到四组中,儿童被试分成四次测试,而成人被试则进行一次性的测试。儿童被试每次测试的持续时间大约为10～15分钟,而成人被试完成整个实验过程则大约需要25分钟。

实验包含两种版本的测试句音频,一种用于儿童被试,另一种用于成年被试。成人版本的语速大致正常,每个句子4～5秒,而儿童版本则慢些,每个句子6～8秒。两个版本均未特别强调量词的发音。

4.4 实验过程

每位被试在一个安静的房间里单独接受测试,由两位实验人员负责操作实验。一位实验人员操作笔记本电脑,展示幻灯片并与儿童进行互动,而另一位则专注于记录儿童的回答。儿童面对笔记本电脑屏幕而坐,两位实验人员分别坐在儿童的两侧。

在正式测试环节之前,实验安排了一个练习环节。这段练习具有双重目的:第一,确认儿童具备数到数字"2"的能力;第二,帮助他们熟悉实验的整个流程。

练习环节分为两个部分。在第一部分中,实验者向儿童展示了一些他们熟悉的图片,这些图片上展示的是一个或两个物体。实验者会询问儿童图片上展示的是什么物体。一旦儿童正确地识别出物体的名称,实验者进一步询问图片上物体的数量。

在第二部分,实验者引导儿童学习判断米老鼠对图片的描述。每当实验人员播放完一个句子的音频后,儿童需要判断米老鼠所说的内容是否正确。如果儿童认为米老鼠的陈述是正确的,他们应回答"对";如果认为是错误的,则应回答"不对"。在儿童回答"不对"的情况下,实验人员会面带鼓励的微笑询问为何认为米老鼠的说法有误。这一部分包含了四个简单的句子,这些句子都是直接的陈述句,不包含量词。此外,实验人员还会提醒儿童,米老鼠的陈述可能正确也可能错误,因此需要他们认真聆听并仔细判断米老鼠所说的每一句话。

实验的引导语如下:

今天我们跟米老鼠一起看一些有趣的图片,我们看看米老鼠能不能认出这些图片上的内容。你愿意帮助我们考考米老鼠吗?当米老鼠告诉我们图片上有什么时,你要注意听哦。如果米老鼠说的和图片上的内容完全一致,你就大声说"对"。如果他说的和图片上不一样,你就说"不对"。明白了吗?记得,米老鼠有时候可能会说对,有时候可能会说错,所以你要仔细听他的话。准备好了吗?让我们一起开始吧!

正式的实验测试环节参照上述实验过程进行。

4.5　实验结果与讨论

我们分别汇报和讨论可数性的数量维度和个体化维度的实验数据。

4.5.1 可数性数量维度的实验结果

首先，我们分析可数性的数量维度的实验结果（见图 4-1）。如前所述，我们通过设计数值匹配与不匹配的实验情境，从正反两个角度对数量维度进行了测试。实验数据表明，在数值匹配的测试项中，儿童和成人被试对测试句的接受率均超过了 93％。这一发现说明，无论是儿童还是成人，他们都明白：当汉语中的物体名词作为光杆名词使用时，其数量是不确定的，能够指代单个或多个物体。此外，他们也能够认识到，当量词与名词结合、形成"量词-名词"或"数词-量词-名词"的结构时，其物体数量是确定的。这些实验结果显示，汉语儿童和成人对这些名词在数量维度上的可数性有着清晰的认识。

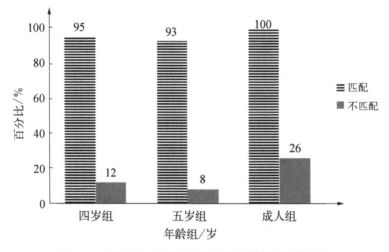

图 4-1　测试句在数量匹配与不匹配情境下的接受度

相应地，在数值不匹配的实验情境中，汉语成人和儿童对测试句的接受度随之显著下降。具体来说，四岁组儿童对数值不匹配语境下测试句的接受度仅为 12％，五岁组儿童的接受度为 8％，而成人的接受度为 26％。

威尔科克森符号秩检验（Wilcoxon signed ranks test）的结果显示：对于每个年龄组，数值匹配项的接受度都显著高于数值不匹配项（四岁组儿童：$z = 4.47$，$p < 0.001$；五岁组儿童：$z = 5.49$，$p < 0.001$；成人：$z =$

3.08，$p < 0.001$）。曼-惠特尼检验(Mann-Whitney Test)的结果表明，成人与儿童之间没有显著差异($U = 268.5$，$z = -1.80$，$p > 0.05$，双尾)。这些统计结果表明，无论是儿童还是成人，他们都倾向于接受那些在数量上与图片情景相匹配的测试句，拒绝那些与图片情景不匹配的句子。

实验结果显示，即使是四岁的儿童，也已经能够理解名词在没有量词的情况下、作光杆名词使用时，其数量是不确定的，可以指代多个数量的物体。同时，当名词与量词结合形成"量-名"结构时，他们能够认识到这种结构默认指代的是单数，即一个物体。这种能力说明汉语儿童在早期就已经能够区分名词在不同句法结构中的数量意义，并且能够根据这些结构来正确地解读句子。

这里说明一下成人在数值不匹配情景下对测试句的接受程度。我们发现成人的接受度(26%)高于四岁儿童(12%)和五岁儿童(8%)。这些接受不匹配场景下测试句的情况，可能是因为在解读"桌子上有(一)个苹果"这类句子时，成人被试更可能采用"至少"的解读方式。换言之，只要存在至少一个苹果，无论实际数量如何，这样的表述在成人看来都是可接受的。

一个引人注意的现象：无论是儿童还是成人，他们在"个体量词-名词"结构中采用"至少"解读的比例普遍高于"数词-个体量词-名词"结构。具体来看，四岁儿童在"个体量词-名词"结构中采用"至少"解读的比例达到了21%，而在"数词-个体量词-名词"结构中这一比例仅为3%。五岁儿童的情况类似，他们在"个体量词-名词"结构中采用"至少"解读的比例为13%，而在"数词-个体量词-名词"结构中这一比例仅为3%。成人在"个体量词-名词"结构中采用"至少"解读的比例则为32%，而在"数词-个体量词-名词"结构中这一比例为20%。威尔科克森符号秩检验显示，两个儿童年龄组的这种结构之间"至少"解读的差异在统计上是显著的，但在成人组中则不显著(四岁组：$z = -3.33$，$p < 0.001$；五岁组：$z = -2.40$，$p < 0.001$；成人组：$z = -1.49$，$p > 0.05$)。

这些数据说明"个体量词-名词"结构在语法化程度上可能超过"数词-个体量词-名词"结构。这种观点基于"个体量词-名词"结构对具体基数的要求较为宽松，并且相较于"数词-个体量词-名词"结构，它更能够灵活地包含"至少"的解读。这种假设的合理性在于"个体量词-名词"结构缺乏数词的精确指定。从跨语言的角度来看，我们可以将汉语中的"个苹果"与"一个苹果"的差别，类比于英语中"an apple"与"one apple"之间的差异。这种类比在一定程度上揭示了两种语言中相似的语法现象(见 Chen，2003 的相关讨论)。

最后，我们探讨七个名词在可数性的数量维度上的解读是否存在差异。弗里德曼检验(Friedman test)结果表明，成人和五岁儿童在不同名词类型上的解读表现没有显著差异；而在匹配条件下，四岁儿童的表现显示出轻微的统计学差异。然而，这种差异可能是由于天花板效应，因为在所有条件下的接受率都超过了 90%。在匹配条件下，四岁组：$x^2(6, N = 26) = 15.80$，$p < 0.05$；五岁组：$x^2(6, N = 38) = 8.54$，$p > 0.05$；成人组：$x^2(6, N = 12) = 0.00$，$p > 0.05$；在不匹配条件下，四岁组：$x^2(6, N = 26) = 8.75$，$p > 0.05$；五岁组：$x^2(6, N = 38) = 8.80$，$p > 0.05$；成人组：$x^2(6, N = 12) = 8.06$，$p > 0.05$。

总体来看，我们的研究结果显示，儿童在对汉语一般物体名词可数性的数量维度的解读上与成人并无显著差异。儿童和成人一样，都认为光杆名词在数量信息上是不明确的，而"个体量词-名词"结构则倾向于表示单一的数量。尽管儿童在某些情况下会采用"至少"的解读，尤其是在面对"个体量词-名词"结构时，但他们仍然能够在匹配和不匹配的测试项之间做出明显的区分。此外，名词类型并没有显著影响儿童对数量维度的理解。基于这些发现，我们可以得出结论，早期的汉语儿童已经掌握了一般物体名词可数性的数量维度。

4.5.2 汉语可数性的个体化维度实验结果

接下来，我们将深入分析可数性的个体化维度的实验结果，这部分数据主要关注实验被试在部分物体的情境下对测试句的接受度。我们知道，在成人语法中，个体量词要求其修饰的名词指称必须是完整的个体。这意味着在部分物体的情境中，个体量词的使用是不合法的，我们期待被试拒绝带量词的测试句。相比之下，光杆名词在个体化上具有不确定性，既可以指代整体物体,也可以指代部分物体,因此光杆名词在这些情境中是可接受的。现在,我们看儿童如何学会这些语言知识。

威尔科克森符号秩检验显示,三个年龄组在"个体量词-名词"结构和"数词-个体量词-名词"结构中对部分物体场景的解读没有显著差异($p >$ 0.05),因此我们把这两个包含个体量词结构的数据合并在一起。

我们有三点主要发现。首先,我们对光杆名词结构和含有量词的两个结构在部分物体情境下的接受度进行了分析,如图4-2所示,成人在光杆名词和个体量词结构中对部分物体情境的接受度分别为98%和43%。对于五岁儿童,光杆名词结构的接受度为73%,而含有量词结构的接受度为60%。通过威尔科克森符号秩检验,我们发现五岁儿童能够像成人一样区分光杆名词结构和个体量词结构,他们对光杆名词结构中部分物体情境的接受度显著高于个体量词结构(五岁组:$z = 3.3$,$p < 0.05$;成人:$z = 3.06$,$p < 0.05$)。

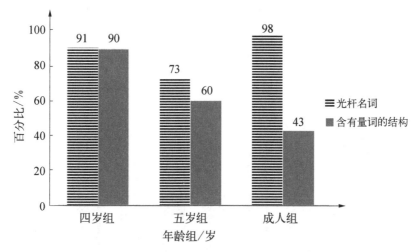

图4-2　部分物体情景的接受度

然而,四岁儿童未能显示出这种区分能力,他们对两种结构中部分物体情境的接受度都很高,分别为91%和90%($z = 0.06$,$p > 0.05$),这表明他们在接受度上没有显著差异。

另外,图4-2还揭示了汉语名词个体化维度的纵向发展趋势,我们按照句子结构进行讨论。在光杆名词结构中,我们观察到四岁儿童对部分物体场景的接受度为91%,五岁儿童为73%,成人为98%。统计分析显示,三个年龄组在对部分物体场景的接受度上没有显著差异[克-瓦式检验,$H(2) = 4.89$,$p > 0.05$]。但是,根据上面的数值,我们看到五岁儿童在光杆名词结构中对部分物体场景的接受度有所下降。

在包含个体量词的两个结构中,五岁儿童和成人之间在这部分的接受度均为40%,没有显著差异;但是四岁儿童对部分物体场景的接受度高达90%,显著高于五岁儿童和成人(曼-惠特尼检验,四岁组对比成人:$U = 30$,$p < 0.05$;五岁组对比成人:$U = 155$,$p > 0.05$;四岁组对比五岁组:$U = 303$,$p < 0.05$)。

这些数据表明,四岁儿童尚未掌握个体量词对名词个体化的限制作用,因此在光杆名词结构和含有个体量词的结构中,他们都高度接受部分物体场景。随着年龄的增长,五岁儿童开始学习个体量词的这种语义限制,并逐渐区分光杆名词结构和含有量词结构中名词的个体化解读。

关于名词个体化维度发展的第三个发现是关于名词之间的解读差异。我们对实验数据进行了基于名词类型的分类分析,分别检测在光杆名词结构中和个体量词结构中,汉语成人和儿童对部分物体场景的接受度。具体接受度数值分别如图4-3和图4-4所示。

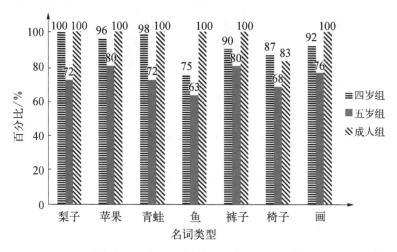

图4-3 光杆名词结构下各名词类型的部分物体情景的接受度

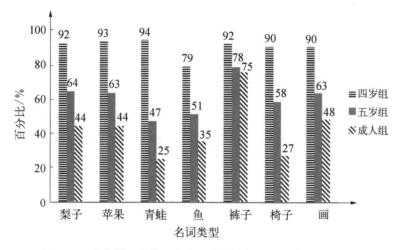

图 4 - 4　个体量词结构下各名词类型的部分物体情景的接受度

弗里德曼检验的结果表明,名词类型的差异显著影响了儿童和成人在不同语法结构下对部分物体情景的理解。具体来说,在光杆名词结构中,四岁儿童组[$x^2(6, N=26) = 27.62, p < 0.05$]、五岁儿童组[$x^2(6, N=38) = 21.68, p < 0.05$]以及成人组[$x^2(6, N=12) = 18, p < 0.05$]均显示出显著差异。类似地,在个体量词结构中,四岁儿童组[$x^2(6, N=26) = 14.72, p < 0.05$]、五岁儿童组[$x^2(6, N=38) = 43.06, p < 0.05$]和成人组[$x^2(6, N=12) = 29.85, p < 0.05$]也表现出显著的解读差异。接下来我们分别看各组被试的实验数据。

首先看成人的表现。如图 4 - 3 所示,在光杆名词结构中,除“椅子”外,成人都 100％接受部分物体情景。成人对“椅子”的接受度为 83％。

对个体量词结构的解读,成人普遍对部分物体场景的接受度不高(见图 4 - 4)。除了“裤子”以外,成人对其他名词部分物体的接受度普遍较低,均不足 50％。成人对于“裤子”这一名词的部分物体场景的接受度相对较高,达到了 75％。成人对七个名词在个体量词结构中的接受度排序如下:

青蛙(25％)＜椅子(27％)＜鱼(35％)＜苹果(44％)＜梨子(44％)＜画(48％)＜裤子(75％)

从上述情况可以看出，成人对个体量词结构中部分物体情景的接受度波动很大，接受度最高的名词（即"裤子"，75％）与接受度最低的名词（即"青蛙"，25％）之间的差异高达 50％。根据实验后成人被试的回答，他们倾向于接受一条裤子的一部分（半条裤子）作为"（一）条裤子"的指称，因为半条裤子仍然可以使用。但是他们对椅子的部分物体场景则完全不接受，因为半张椅子丧失了椅子的使用功能。因此，物体的核心功能影响被试对其部分物体情景的接受度。成人被试还指出，如果一只青蛙被切成两半后死亡，它就不再是"一只青蛙"了。

此外，从图 4－4 中我们看到，成人对个体量词结构中"鱼""苹果""梨"和"画"的部分物体语境的接受度介于 35％到 48％之间。这一现象可能与Cheng(1973)提出的不可数名词的可分性条件(divisibility condition)有关。这四种物体都具有明确的自然边界，符合可分性条件，即它们的一部分仍然可以被识别为该物体本身。例如，在汉语中，无论苹果被切成多少部分，其任何一部分仍然可被称为"苹果"。因为这四个名词指称满足可分性条件，汉语成人在个体量词结构中也一定程度上接受部分物体的场景。

接着看儿童对不同名词的部分物体情景的接受度。在所有考察的名词中，"鱼"的部分物体情景的接受度是最低的，这一趋势在光杆名词结构和个体量词结构中都得到了体现。具体来说，四岁组儿童对其他部分物体情景的接受度通常达到 90％或更高。然而，对于"鱼"的部分物体情景，在光杆名词结构中的接受度不足 75％，在个体量词结构中的接受度也仅为 79％。值得注意的是，除了"裤子"以外，五岁组儿童在个体量词结构中对各名词的部分物体场景的接受度都比四岁组儿童有所降低，这表明五岁组儿童开始理解并接受个体化功能的概念。

总结汉语可数性个体化维度方面的实验结果。汉语儿童在可数性的个体化维度方面的发展需要经历一定的周期，五岁儿童像汉语成人一样，在解读部分物体情景时表现出对不同语言结构的敏感性。他们在处理光杆名词结构时，对部分物体的接受度较高；但在遇到包含个体量词的结构时，他们的接受度则相对较低。这表明五岁儿童意识到汉语名词可数性的个体化解读受到量词存在与否的影响。相比之下，四岁儿童在所测试的三个结构中都高度接受部分物体情景,表明他们尚未完全掌握个体量词的语义限制,对名词的个体化维度的理解还在发展中。因此,通过这些实验数据,我们看到名词的个体化维度的发展是一个逐步发展的过程。另外,我们还发现,不同名词对儿童和成人的名词可数性的个体化理解均有显著影响。总的来说,这部分实验数据展现了汉语儿童在理解汉语中名词的个体化维度上的发展,并突显了个体量词在儿童语言发展中的作用。

4.6　小结

我们的实验结果揭示了汉语儿童在可数性的数量维度和个体化维度上的发展不是同步进行的,数量维度要先于个体化维度的发展。另外,实验数据能够为解决可数性问题的理论争议提供辨析依据。在前面的章节中,我们已经讨论论过,句法观认为名词的可数性解读主要受到句法环境(尤其是量词的存在与否)的影响,汉语中的名词本身没有固定的可数或不可数解读。相对地,语义观则主张汉语名词的可数性是由其固有的本体性质决定的,即名词在词汇层面上已经被划分为可数或不可数。我们的实验数据显示,句法观更符合汉语儿童语言习得特征,总结如下。

首先,在探讨汉语可数性的数量维度时,我们的实验结果显示,即便是四岁儿童,他们对名词数量的理解也已经接近成人水平。这些儿童在处理光杆名词结构时,能够接受不确定数量的表述,不论是指向单个还是多个物体。但是,当句子中出现量词结构时,他们更倾向于将名词与明确的数量信息联系起来。其次,实验还发现不同名词并未对儿童和成人在数量维度上的理解造成显著差异。因此,我们可以得出结论,四岁的汉语儿童已经能够敏感地把握量词对可数性数量维度的影响。

再次,在探讨汉语可数性的个体化维度时,实验结果揭示了五岁儿童并未对名词赋予一成不变的可数性解读。与成人相似,他们在面对部分物体情景的描述时,能够根据不同的语言结构做出不同的反应:对于光杆名词结构,他们更可能接受描述部分物体的句子;而对于包含个体量词的结构,则更可能拒绝这样的描述。这一现象表明,五岁儿童已经能够根据句法结构来调整对名词个体化维度的理解。

相较之下,四岁儿童在三种测试结构中对部分物体情景的接受度普遍较高,这说明他们还需要学习如何根据句法信息来解读名词的个体化维度。因此,对名词个体化维度的掌握是一个逐步发展的过程。

最后,实验还发现名词类型对汉语儿童和成人在个体化维度上的理解产生了显著影响。这表明,个体化解读不仅受到句法结构的影响,还一定程度上与名词本身的本体特性有关。这些实验数据支持了可数性的句法观。

但需要指出的是,这项实验没有深入探究不同语境对名词可数性解读的影响。我们将在后面的章节探讨这一影响因素。

第 5 章
集合名词的可数性解读

在上一章中,我们探讨了汉语一般物体名词的可数性解读,发现这些名词本身并不具有固定的可数或不可数解读。当这些名词单独出现,即以所谓的"光杆名词"形式出现时,无论是五岁儿童还是成人,都倾向于接受多种解读。然而,一旦这些名词与个体量词结合,他们则倾向于将其解读为可数。这些实验结果支持了汉语可数性问题的句法观,即句法结构在决定名词可数性解读中起着决定性作用。在本章和下一章,我们将延续这一研究思路,进一步探讨汉语集合名词的可数性解读。我们将分析这类名词在不同语境下的解读模式,特别是当它们与量词结合使用时,是否也遵循与一般物体名词相同的句法规则。本章和下一章的内容都是在 Huang,Li 和 Meroni(2022)的研究成果基础上进行汇报的。

5.1 集合名词解读的复杂性

文献中对上位集合名词(superordinate collectives)的研究存在广泛争议。为便于讨论,本章将使用"集合名词"这一术语来指代这类名词。广义上,集合名词被定义为"自然类别和人造物品分类中的高层级范畴,它们包含在感知上多样的成员"(英语原文是"higher-level categories in natural kind and artifact taxonomies containing perceptually diverse members",Wisniewski et al,1996:270)。

例如,英语中的集合名词"furniture"涵盖了椅子、床、桌子、衣柜等多种不同的物品。这些较低层级的个体类别构成了"furniture"的子类别,它们都具有装饰和布置房间的功能属性(Grimm & Levin, 2012)。英语中的其他集合名词还包括"vegetable""fruit""animal""vehicle""clothing""jewelry""hardware"和"silverware"(Wisniewski et al, 1996:273)。在英语这样具有可数与不可数语法范畴的语言中,集合名词进一步被划分为不可数集合名词(如"furniture")和可数集合名词(如"animal")。

在文献中,对英语中的不可数集合名词的讨论尤为关注。这类名词的一个显著特征是,它们的句法分类与语义解读之间不完全匹配。从句法角度来看,不可数集合名词被归类为不可数名词,这意味着它们不能使用复数形式,也不能直接被数词修饰。例如,我们不会说"three furnitures"。在对不可数集合名词的语义解读方面,学者们持有不同的观点。一些学者认为不可数集合名词实际上指称可数的实体(表示个体),而另一些学者则认为它们指称不可数的集合(表示非个体),还有学者提出集合名词可以同时具有可数和不可数的解读方式(更多细节参见5.2节)。

在心理语言学领域,Barner 和 Snedeker(2005)提出了一种新的实验方法,即"问答式数量判断任务"(question-answering quantity judgement task, QJT)。他们的研究显示,无论是成人还是儿童,英语使用者倾向于将"silverware"等不可数集合名词视为指称个体,从而给予它们可数解读。基于这些实验结果,Barner 和 Snedeker 得出结论:在语义层面上,英语中的不可数集合名词实际上是可数的。Inagaki 和 Barner(2009)和 Yin 和 O'Brien(2018)的研究也支持了这一观点。这些实证研究的数据为英语中不可数集合名词具有可数语义的观点提供了实证支持(Bale & Barner, 2009)。

Barner 和 Snedeker(2005)所采用的实验方法和设计已被广泛用于测试汉语以及其他多种语言中集合名词的可数性(Liu, 2014;Lin & Schaeffer, 2018;Hacohen, 2008;Inagaki & Barner, 2009;Van Witteloostuijn & Schaeffer, 2018;Lima, 2018;MacDonald & Carroll, 2018),这些研究也普遍发现集合名词在语义上倾向于指称个体。

本章我们的研究聚焦于汉语中的集合名词。汉语作为典型的量词语言,其集合名词常以光杆名词的形式出现,也就是说,在名词层面上,汉语并不通过形态句法变化来标记集合名词的可数或不可数状态。本章我们将探究影响汉语集合名词语义解读的多种因素。在深入分析了过往研究所采用的实验方法和设计之后，我们提出假设：文献中普遍报告的可数解读可能仅是集合名词的一种优势解读，而非其唯一的语义解读。此外，我们还将进一步探讨其他可能影响集合名词解读的因素，如语境因素和形态句法结构。我们的研究发现，形态句法和语境信息均对汉语集合名词的解读产生影响，但形态句法是决定汉语集合名词解读的关键因素。

在本章中，我们将详细阐述相关的理论框架和实证研究的背景，这将为理解下一章的实验研究提供坚实的基础。

5.2　跨语言视角下的集合名词研究

在本节中，我们将从跨语言的视角探讨汉语集合名词研究的意义。正如之前提到的，在英语这样具有明确可数与不可数语法范畴的语言中，集合名词被划分为可数和不可数两类。相较之下，在日语和汉语等量词语言中，集合名词通常以光杆名词的形式出现，在名词层面上不通过形态句法变化标明其可数性或不可数性。在语义层面，无论语言是否具有可数与不可数的语法区分，集合名词的解读都存在广泛的争议。我们认为，通过跨语言的视角来研究汉语集合名词，有助于揭示句法结构和语义特征是如何相互影响并共同作用于集合名词解读的。

本章将深入研究集合名词在汉语中的解读，并将其与英语中的解读进行对比。实际上，汉语集合名词的研究在很大程度上受到了英语集合名词研究的影响，这一点将在后续内容中详细讨论。因此，在深入探讨汉语集合名词之前，我们首先回顾英语集合名词的理论研究和实证研究，随后将讨论汉语集合名词的相关论述。这样的结构安排有助于我们更全面地理解集合名词在不同语言中的解读机制，以及这些机制如何受到各自语言特性的影响。

对于英语集合名词的解读，尤其是对不可数集合名词的理解，学术界存在三种主要的观点。第一种观点是传统的看法，它强调语法分类对语义解释的决定性作用。根据这种观点，由于这类名词在语法上被归类为不可数名词，它们的句法范畴决定了它们的语义解释，因此它们指称的是不可数的非个体，即表达一种不可数的解读。这种观点的代表学者包括 Bloom（1990）、Wisniewski 等（1996，2003）以及 Middleton 等（2004）。这些学者提出，在现实世界与人类语言之间，存在一个认知过程的中间层面，即"构念"（construal）。在这个层面上，人类可以根据交际的需要将物体构念成个体或非个体。换句话说，可数与不可数的解读都是人们在这个认知层面上对事物的不同认知方式的结果。

具体来说，可数解读反映了说话人将事物视为个体的认知方式，而不可数解读则反映了将事物视为非个体的认知方式（Bloom，1990：134 - 135）。这种观点也得到了一些实证研究的支持。例如，Bloom（1990）的研究中，当被试被要求对一些可数和不可数集合名词的指称类别的相似性进行评估时，他们倾向于将不可数集合名词的指称类别评为相似。这表明，不可数集合名词的指称可以被视为一个整体，而不是单独的个体。

关于英语不可数集合名词解读的第二种观点认为，不可数集合名词实际上指的是一组个体。这种观点的支持者包括 Chierchia（1998a，2010）、Barner 和 Snedeker（2005，2006）、Bale 和 Barner（2009）、Inagaki 和 Barner（2009）、Landman（2011）以及 Wiese（2012）等。在这种观点中，个体特征被视为英语不可数集合名词的一个固有词汇属性。

Chierchia（1998a：68）在他的论述中明确提出了这种观点，他认为像"furniture"这样的不可数集合名词实际上是指向离散的物质个体（atomic discrete physical objects），这与"table"这样的可数名词所指称的个体是相同的。这种理解强调了不可数集合名词在语义上与可数名词的相似性，即使它们在语法形式上可能有所不同。

Bale 和 Barner（2009）的研究进一步支持了不可数集合名词实际上可以指向个体的观点。他们提出，当使用"more"这样的比较级形式时，不可数集合名词"furniture"（家具）、"equipment"（设备）和"footwear"（鞋类）的指称意义与它们对应的可数形式"pieces of furniture"（家具的件数）、"pieces of equipment"（设备的件数）和"shoes and boots"（鞋子和靴子）是一致的。

这种等同关系体现在以下三个例子中。

(1) Esme has more furniture than Seymour.

　　= Esme has more pieces of furniture than Seymour.

(2) Esme has more equipment than Seymour.

　　= Esme has more pieces of equipment than Seymour.

(3) Esme has more footwear than Seymour.

　　=Esme has more shoes and boots than Seymour.

Barner 和 Snedeker(2005)进行的一项有影响力的实证研究为这一观点提供了支持。该研究的关键发现表明,英语的成人和儿童倾向于对不可数集合名词(如"silverware")进行可数的解读。基于这一发现,他们得出结论,英语中的不可数集合名词在语义上指向个体。这种观点挑战了传统的看法,即不可数集合名词在语义上指向一个不可分割的整体,而强调了它们在语义上的可数性,尽管在形态句法上它们表现为不可数。

然而,我们将在 5.2 节中对这项研究进行更深入的回顾,并做出一些评析。我们认为,由于实验设计的一些限制,Barner 和 Snedeker(2005)的研究可能没有展现出英语儿童和成人对不可数集合名词解读的全貌。

第三种关于英语不可数集合名词解读的观点认为,这类名词在语义上具有灵活性,既有可数解读,也有不可数解读。这种观点最初由 McCawley (1975：170 - 172)提出,他指出"furniture"这样的不可数集合名词并不指定任何个体化特征,即它在语义上是中性的,不倾向于特定的可数或不可数解读(英语原文是"*Furniture* will have to be taken to be unspecified as to any individuation.")。Rothstein(2017)进一步发展了这一观点,她认为虽然不可数集合名词的可数解读更为显著,但在适当的语境下,不可数解读也是完全可能的。

Rothstein 提供了一个语境,展示了语境和形态句法如何共同影响不可数集合名词"furniture"的解读。具体来说,假设 John 和 Bill 用卡车搬家具。在这样的语境中,家具的体积大小至关重要。John 需要搬运 4 件大家具(包括一架三角钢琴、一张大沙发、一张双人床和一个沉重的衣柜)，而 Bill 需要搬运 6 件小家具(包括四把折叠椅、一张小桌子和一张床垫)。在这个具体的语境下，Rothstein 让受访人判断例句(4)是否为这个具体情景的正确描述。

Rothstein 报告说，在这个特定的搬家场景中，受访人接受例句(4)，这表明他们对"furniture"解读基于体积的大小，而不是基于个体数量的多少。这种解读强调了家具作为一个整体的体积，而不是将其分解为单独的可数单元，是一种不可数解读。相比之下，包含"more pieces of furniture"的例句(5)在同样语境中被判定为错误，因为这句话只包含可数解读，指称家具的件数。

(4) John has *more furniture* than Bill，so he should use the larger moving truck.

(5) John has *more pieces of furniture* than Bill.

Rothstein 在这里向我们展示语境和形态句法("more furniture"与"more pieces of furniture"的对比)对集合名词解读的重要性，但是她的想法还没有被正式的实验数据证实。另外，Grimm 和 Levin(2012)的研究为理解英语中不可数集合名词的语义灵活性提供了实证支持。他们的实验数据表明，英语成人在处理如"furniture"(家具)、"jewelry"(珠宝)、"change"(零钱)、"luggage"(行李)、"mail"(邮件)和"ammunition"(弹药)等不可数集合名词时，能够根据语境赋予它们可数或不可数的解读。我们将在下一小节更详细地介绍相关实证研究。

5.3　集合名词的过往实证研究

Barner 和 Snedeker(2005)对在集合名词的研究产生了广泛的影响。他们的实验探究了 4 岁儿童和成人如何理解不可数集合名词(如"silverware")，并与可数名词(如"shoes")和典型的不可数名词(如

"toothpaste")进行了对比分析。

前面已经说到,Barner 和 Snedeker 的研究采用了问答式数量判断任务(QJT),比较两个角色所拥有的物体,这包括了数量的多少和重量的大小。以测试不可数集合名词"silverware"为例,实验设置中两个角色拥有不同数量和大小的餐具。角色 1 拥有一把大叉子和一把大刀,而角色 2 则拥有三把小叉子和三把小刀。在数量上,角色 1 的餐具(2 件)少于角色 2 的餐具(6 件);但在重量上,角色 1 的餐具更重。用类似的做法,对于可数名词"shoes"的测试,角色 1 有一只大鞋子,角色 2 有三只小鞋子。对于不可数名词"toothpaste"测试,角色 1 有一大堆牙膏,角色 2 有三小堆牙膏。在每一种情况下,被试都需要回答一个问题:"Who has more＿＿?"

Barner 和 Snedeker 的研究发现,无论是成人还是儿童,他们在解读不可数集合名词时,主要通过基数(cardinality)来理解(成人的基数理解比例为 97.9％,儿童为 91.7％)。举例来说,在一个实验场景中,角色 2(他有三把小叉子和三把小刀)被认为比角色 1(他有一把大叉子和一把大刀)拥有"more silverware"。同样,在可数名词的情况下,数量判断同样基于基数(成人的基数理解比例为 93.8％,儿童为 97.9％)。相比之下,在处理不可数名词时,成人和儿童倾向于不基于基数来做数量判断(成人的比例为 0％,儿童为 39.6％),而是根据物体的重量或其他非基数的属性来判断。例如,如果角色 1 有一大堆牙膏,而角色 2 有三小堆牙膏,角色 1 会被判断为拥有更多的"toothpaste"。

这些发现表明,被试对不可数集合名词的解读方式与他们对可数名词的解读方式相似,不同于他们对典型不可数名词的解读。Inagaki 和 Barner(2009)以及 Yin 和 O'Brien(2018)运用类似的实验方法测试了英语中的不可数集合名词,并得到了相似的结果。这些实验数据支持了英语不可数集合名词具有可数语义的观点,即它们在语义上可以被理解为指称可数个体的集合(Bale & Barner,2009)。

Barner 和 Snedeker(2005)开发的问答式数量判断任务实验设计被广泛地应用到多种语言中的集合名词研究,包括汉语(Liu, 2014; Lin & Schaeffer, 2018)、日语(Inagaki & Barner, 2009)、荷兰语(Van Witteloostuijn &

Schaeffer，2018)、巴西的土著语言 Yudja(Lima，2018)、韩语(MacDonald & Carroll，2018)和希伯来语(Hacohen，2008)。这些研究的共同发现是，集合名词在这些语言中主要指称个体。

如上所示，问答式数量判断任务通过区分两种量化模式——基数(cardinality)和非基数(non-cardinality)——来探究名词的可数和不可数用法。基数量化计算个体的数量，非基数量化则关注整体的量，如重量或体积。这两种量化模式揭示了名词可数性量化维度方面的差异，这一区分可以追溯到 Jespersen(1924)，并在后续的研究中得到进一步的发展和运用(Gathercole，1985；Bale & Barner，2009，2018)。

然而，我们认为问答式数量判断任务存在一个缺陷，这可能使得以往的研究结果未能全面展现集合名词的多维解读。具体而言，问答式数量判断任务要求被试针对"who has more_____?"这一问题，在两个角色间做出选择。在这一过程中，由于必须在两者中做出强制选择，被试的回答可能仅仅反映了对某一解读的偏好，而非其唯一可能的解读。换言之，可能存在另一种非优势解读方式，但在问答式数量判断任务的框架下却未能得到展现(关于强制选择类实验设计中的偏好问题，参见 Crain 和 Thornton 在 1998 年的讨论，第 218—219 页)。例如，如果集合名词的不可数解读确实存在，但不是优势解读，那么在问答式数量判断任务的设计下，这种解读可能难以识别。

先前研究的另一个局限在于未能充分构建能够激发不可数解读的语境。在这些研究中，尽管实验者展示了物体在数量和重量两个维度上的信息——即一个角色拥有更多数量但总体较轻的物体，而另一个角色则拥有较少数量但总体较重的物体——但实验语境并未明确指出数量判断的具体目的。在这种缺乏明确比较维度的中性语境下，比较的标准显得模糊不清。在这种情境中，我们假设被试可能会默认采用基于数目的数量判断。

考虑到上述两点原因，我们认为过往研究的可数解读可能仅代表了集合名词在中性语境下的优势解读，而非其全部可能的解读。在进行数量判断时，物体的数量往往与其明确的自然边界相吻合(Lima & Gomes，2016；

Beviláqua, Lima & Pires de Oliveira, 2016)。相对地,评估物体的体积或重量则需要我们超越这些自然边界,去计算它们的整体物质,这增加了认知处理的复杂性。已有研究指出,形状偏好(shape bias)会影响儿童和成人对名词的解读(Landau, Smith & Jones, 1988)。因此,为了帮助实验被试克服形状偏好,得到不可数解读,研究应设计出能够适宜此类解读的语境(Rothstein, 2017)。然而,以往的实验未能提供这样的语境,这可能使得被试更倾向于选择可数解读,因为这种解读更易于达成。

　　我们可以用 Grimm 和 Levin(2012)以及 Beviláqua 和 Pires de Oliveira(2014)的两个实证研究的结果来支持我们上述的猜测。这两项研究都凸显了语境在集合名词解读中的关键作用。以 Grimm 和 Levin(2012)的研究为例,他们探究了英语成年人对 "furniture"(家具)、"jewelry"(珠宝)、"change"(零钱)、"luggage"(行李)、"mail"(邮件)、"ammunition"(弹药)六个不可数集合名词的理解。研究结果显示,在提供了有利于不可数解读的语境时,被试选择不可数解读的比例显著增加。例如,在中性语境中,两位经销商在古董拍卖会上购买家具。经销商 A 购买了一张沙发、一把休闲椅、一张咖啡桌和一个小书架,而经销商 B 购买了一张桌子和四把椅子。当被问及"Which dealer bought more furniture at the auction?"时,数据显示有 75% 的被试认为经销商 B 购买了更多的家具,这反映了基于基数的数量判断。这一发现与 Barner 和 Snedeker(2005)的研究结果相呼应,揭示了被试在没有明确语境提示时,更倾向于选择可数解读。

　　相比之下,在强调家具功能的语境中,Grimm 和 Levin(2012)的研究发现了与中性语境不同的结果。在某人拜访两个朋友的实验场景中,朋友 A 的房间配备了一张沙发、一把休闲椅、一张咖啡桌和一个小书柜,而朋友 B 的房间则有一张桌子和四把椅子。在这种以布置房间的功能为导向的语境下,当被试被问到"whose room has more furniture?"时,65% 的英语成年人认为朋友 A 的房间有更多的家具。这种判断是基于家具功能的实现,因为朋友 A 的房间拥有更多种类的家具,从而更能满足布置房间的多样化需求。

　　这一结果与在中性语境下只有 25% 的被试选择不可数解读形成了鲜

明对比，显示出语境对集合名词解读的显著影响。在功能导向的语境中，被试更倾向于根据家具的种类和布置房间的功能来做出数量判断，而不是单纯地依据数量。这表明，当语境提供了合适的语境时，被试更可能采用不可数的解读方式。

同样，Beviláqua 和 Pires de Oliveira(2014)的研究也强调了语境对集合名词解读的重要性。在他们的实验中，研究者考察了说巴西葡萄牙语的成年人对母语中集合名词的理解。实验设计特意突出了体积作为数量判断的关键维度。在一个特定的测试场景中，实验员向被试呈现两个角色，一个角色拥有两个或三个较大的物体，而另一个角色则有三或四个较小的同类物体。随后，实验员询问被试哪个角色拥有更多的物品以填满一个篮子。这样的实验设计明确地将体积作为衡量"更多"的标准，为被试提供了一个基于体积的不可数解读的语境。实验结果显示，在这种设计下，大约有50%的被试在解读巴西葡萄牙语中的集合名词时选择了不可数解读。这一比例表明，当实验语境明确指向体积作为判断"更多"的依据时，被试更可能采用不可数的解读方式。

综合上述讨论，虽然集合名词倾向于表达可数解读，但在合适的语境中也可以触发不可数解读。根据现有的研究，我们认为要深入探究集合名词的解读，还需解决以下三个问题：

第一，我们需要采用新的实验方法，以规避问答式数量判断任务的解读偏好问题，从而让实验被试能够展现他们所允许的所有解读。

第二，形态句法是影响名词可数性解读的关键因素（Gordon，1982，1985；Gathercole，1985a，b；Barner & Snedeker，2005，2006；Bale & Barner，2009）。我们可以利用汉语的类型学特点研究形态句法如何影响名词的可数性解读。例如，汉语允许集合名词以光杆名词的形式出现，通过比较光杆集合名词与那些与个体量词搭配使用的集合名词，我们可以观察它们在解读上的差异。汉语中的个体量词在语法功能上与英语中的复数标记相似（Borer，2005），因此，研究量词的存在与否如何影响集合名词的解读，可以帮助我们理解形态句法对汉语集合名词解读的作用。

第三，尽管语境信息在集合名词解读中的重要性已被证实（Grimm &

Levin，2012；Beviláqua & Pires de Oliveira，2014），但目前尚无研究探讨语境如何与形态句法相互作用，共同影响集合名词解读的。

在本研究中，我们致力于解决上述的三个关键问题。为此，我们设计了一种新的实验方法，用以探究语境信息和形态句法对汉语集合名词解读的影响。在下一节中，我们将详细介绍我们的实验设计和结果。

5.4　汉语集合名词的解读

基于在第 2 章中讨论的句法观（Borer，2005；Huang，2009；Huang & Lee，2009；Pelletier，2012；Li，2013），我们对汉语集合名词的解读进行阐释。句法观包含两个核心假设。第一，可数与不可数的区别是由语法结构决定的（Sharvy，1978）。在缺乏明确可数性标记的语法体系中，光杆名词在可数性上呈现不确定性，即它们在可数和不可数的解读上存在歧义（Pelletier，2012）。第二，汉语中的量词在标记名词的可数性方面起到了类似于英语复数形态的作用（Borer，2005；Pelletier，2012）。

这种观点强调了语法结构在名词可数性解读中的作用，并指出在没有明确的可数性标记时，名词的可数性解读会依赖上下文或其他语义线索。在汉语中，量词的使用为名词提供了可数性的标记，从而影响着名词的解读。通过这种分析，我们可以更深入地理解汉语集合名词在不同语境下的可数性解读，以及这些解读是如何受到句法结构的影响。

根据 Pelletier(2012)的观点，我们认为汉语集合名词如"家具"包含了与这个词的可数和不可数的语义特征，这些语义特征涉及家具的数量、体积、功能等多个维度。这意味着集合名词同时具备可数和不可数解读，而光杆形式的集合名词在可数性上并不明确。在汉语中，集合名词的可数性解读受到以下两个主要因素的影响：

第一，量词的存在与否对汉语集合名词的可数性解读起决定性作用。例如，当使用个体量词（如"把""张"）与集合名词搭配使用时，集合名词得到可数解读。

第二，当集合名词以光杆形式出现，即没有任何形态句法标记来指示其可数或不可数状态时，语境因素成为决定其可数性的关键。根据具体的交际目的和语境，某些语义特征可能变得更加显著，从而使相关的语义特征得到突显（Ware，1975）。因此，我们认为，在适当的语境中，光杆集合名词既可以有可数的解读，也可以有不可数的解读。语境信息为名词的可数性解读提供了重要的线索。例如，如果语境强调家具的数量，那么集合名词可能倾向于可数解读；如果语境强调家具的整体体积或装饰功能，那么可能更倾向于不可数解读。

我们使用以下两个例句说明汉语集合名词的可数性解读是如何受到量词和语境的影响，这两个句子的区别在于个体量词"个"的存在与否。这两个句子是我们实验中的一对测试句（详见第 6 章）。

（6）青蛙妖怪吃了更多家具。
（7）青蛙妖怪吃了更多个家具。

在例句（6）中，集合名词"家具"未使用个体量词，因此它在可数性上没有明确的指示。这种光杆形式的名词允许两种解读：既可以指代单独的家具件数，也可以指代家具的整体物质。这两种解读分别代表了对同一实体的不同测量维度——基数（即单独的个体数量）和物质（即整体的量）。具体选择哪种解读，往往取决于语境和说话者的意图。

相比之下，例句（7）中的"家具"与个体量词"个"结合使用，这种结构明确指示了可数解读，即"家具"在这里指的是可数的个体。个体量词的使用限制了名词的解读范围，将数目作为比较的维度，排除了其他可能的语义解释。

这两个句子展示了形态句法和语境因素如何共同作用于汉语集合名词的可数性解读。在实验设计中，我们通过对比光杆集合名词和与个体量词结合的集合名词的解读，来探究这些因素如何影响语言使用者对集合名词的理解。通过这种方法，我们可以更深入地了解汉语中集合名词的语义灵活性，以及语言使用者如何根据不同的语境线索和语法结构来解释这些名词。

5.5　小结

　　本章从跨语言的视角探讨汉语集合名词的可数性解读。回顾了英语不可数集合名词研究。心理语言学实验表明,英语使用者常将其视为可数。但我们认为,在文献中的可数解读可能是优势而非唯一解读,形态句法和语境信息均影响解读,但形态句法起关键作用。在汉语中,集合名词常以光杆形式出现,不通过形态句法变化标记可数性。本章详细阐述汉语集合名词的可数性解读受量词和语境影响,量词起决定性作用,光杆形式下语境是关键。

第 6 章
集合名词可数性的儿童语言实验

在前一章中，我们深入剖析了汉语集合名词的语义解读，并提出了一个观点，即句法观是阐释这些名词解读的关键。我们的论点涵盖了两个核心要素。首先，汉语集合名词在词汇层面上包含可数与不可数的语义特征，当缺乏明确的可数性标记时，它们的意义解读具有歧义。其次，量词的运用在形态句法层面上为名词标注了可数性，从而决定了名词的可数性解读；相对地，那些未与量词搭配的光杆集合名词，则主要依据语境信息来确定其可数性。因此，我们的理论分析突出了形态句法和语境信息对汉语集合名词可数性解读的共同影响，但特别强调了形态句法——尤其是量词的存在与否——在其中扮演的决定性角色。

在本章中，我们将通过实验研究数据来验证我们的理论分析。我们将详细介绍如何设计并实施了三项实验，以探究汉语儿童和成人对汉语集合名词的解读。在这些实验中，我们集中分析形态句法和语境因素如何共同作用于汉语集合名词的可数性解读。为了评估形态句法的影响，我们采用了最小对比句对（通过个体量词的有无来构建），以考察个体量词在确定名词可数性方面的作用。此外，为了评估语境信息的作用，我们设计了两种不同的语境条件：一种是个体导向的语境，另一种是非个体导向的语境。接下来我们分别汇报这三个实验的细节。

实验一探究在两种不同语境对光杆集合名词解读的影响。实验二则专注于研究在这两种语境中，当集合名词与个体量词"个"共现时，其解读是否会有所不同。实验三进一步考察在缺乏研磨物质的情况下，儿童和成人是否仍然倾向于在非个体导向的语境中将光杆集合名词解读为不可数。

6.1　实验一：光杆集合名词的可数性解读

实验一测试汉语成人和儿童对汉语光杆集合名词的解读，这个实验的目的是探究语境如何影响光杆集合名词的解读。我们把光杆集合名词置于比较级词汇"更多"之后。例句(1)是一个示例。

　　(1) 青蛙妖怪吃了更多家具。

本实验的核心研究问题是：在非个体导向的语境与个体导向的语境中，汉语儿童和成人是否能够给予光杆集合名词不同的解读。通过这一问题，我们希望揭示语境因素如何影响光杆集合名词的可数性解读。

6.1.1　被试信息

我们从江苏省苏州大学附属幼儿园招募了 20 名 5～6 岁的汉语儿童参与实验，他们的年龄范围是从 4 岁 11 个月～6 岁 4 个月，平均年龄为 5 岁 8 个月 15 天。此外，实验还设立了一个对照组，由 20 名年龄在 18～24 岁之间的汉语成年组成，这些成年被试为苏州大学的本科生和研究生。

实验采用被试内设计，即在两种测试条件下测试相同的被试。我们将在后面介绍这一点。

6.1.2　实验方法和程序

实验使用了真值判断任务(truth value judgement task，TVJT)(Crain & McKee，1985；Crain & Thornton，1998)。这项任务涉及两位研究人员：一位利用玩具和道具向儿童讲述故事，另一位则扮演一个玩偶角色，与儿童一起聆听故事。故事结束后，扮演玩偶的研究人员会向儿童解释故事情节,其中穿插了测试句子。儿童的任务是评估玩偶的描述是否准确。如果儿童认为玩偶的描述不准确,他们需要指出错误并解释错误的原因。如果玩偶正确地叙述了故事,儿童则用草莓奖励玩偶。相反,如果玩偶说出了错误的句子,儿童需要给予玩偶一个小辣椒,以此提醒玩偶更加专注。实验二和三也采用了这种真值判断任务。

儿童被试以一对一的形式单独参与实验。为了确保儿童对实验任务有充分的理解,每名儿童在正式开始前都会经历一个练习环节。在这一环节中,儿童将听到两个句子:一个明显正确,另一个明显错误。这样的设计让儿童熟悉如何判断句子的正确性。只有那些在练习环节中正确回答问题的儿童才能继续参与后续的正式测试环节。这一标准确保了儿童能够理解任务要求,并能够在正式测试中准确地执行任务。

在正式测试环节开始之前,我们对儿童进行了一项预测试,以确认他们是否理解实验中使用的三个集合名词:"家具""工具"和"厨具"。例如,在一次实验中,研究人员会展示一把尺子、一支铅笔和一把椅子,然后问玩偶:"哪一个是家具?"玩偶有时会选择正确,有时则会故意选择错误。儿童的任务是判断玩偶的选择是否正确。所有参与的儿童都成功通过了这项测试,他们能够准确地判断出所展示的物品是否属于这三个集合名词中的任何一个。这表明他们已经理解了这些词汇的含义。

我们也使用相同的测试材料和程序对成人被试进行了测试。

6.1.3 测试条件和测试材料

我们构建了两种测试情境,分别对应两种不同的实验条件。在条件 1 中,我们采用了非个体导向的语境,专注于比较不同大小物体的物质含量。在一个标准的实验场景里,我们设定了两个角色:青蛙怪物和黑色怪物。这些怪物对食物有着极大的兴趣,但由于缺乏牙齿,它们不得不依赖磨盘来磨碎食物。

实验者随后向被试讲述了一个故事:青蛙怪物有一天找到了一张大桌子和一把大椅子,它将这些家具磨成了一大堆食物,他们吃完后感到非常满足。与此同时,黑色怪物发现了两张小桌子和两把小椅子,他把它们磨成了一小堆食物。它吃完后仍然感到饥饿。故事的最后一个场景如图6-1所示。

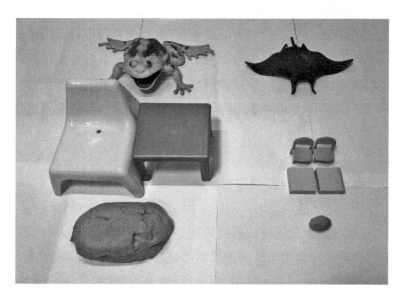

图6-1　实验一的非个体导向语境

在非个体导向的语境实验中,我们采取了两种实验设计策略突显家具的物质属性,将其作为故事中最重要的数量判断标准。首先,我们通过突出两个怪物因食用不同分量家具而产生的明显后果,来强调家具物质的重要性:青蛙妖怪因为吃了大量家具而感到饱足,而黑妖怪由于只吃了少量家具,仍然感到饥饿。我们用这样的对比引导被试将注意力集中在家具的物质量上。

另一个强调家具物质属性的策略是在故事中将家具转化为其构成的物质。这种设计灵感来源于Pelletier(1975)的经典哲学研究,特别是他提出的"万能研磨机"(the universal grinder)思想实验。这个实验的核心观点是,任何物体都可以被磨成其组成物质。在前面的章节中我们介绍道,在Pelletier的观点中,可数和不可数都是名词词汇意义的一部分。对于那些倾向于表示个体的名词,"万能研磨机"的概念被用来设想一个有利于触发非优势解读——不可数解读的语境,突显事物的物质(我们将在第7章更加详细阐述"万能研磨机"的思想实验)。

我们将"万能研磨机"的思想实验理念扩展到了我们的集合名词实验设计中。为了使故事听起来更自然，我们向实验被试解释说，两个怪物由于没有牙齿，必须将食物磨碎后再食用。这样的设定为我们在实验中磨碎家具提供了合适的理由，同时也与"万能研磨机"的概念相呼应(Beviláqua, Lima & Oliveira, 2016)。在非个体导向的语境中，除了家具数量的信息外，我们特别突出家具的物质属性。在这种情境下，一个实验者会问玩偶(由另一位实验者扮演)谁吃了"更多的家具"，玩偶则回答说青蛙妖怪吃了"更多的家具"，如例句(2)所示。

(2) 青蛙妖怪吃了更多的家具。

我们让被试判断玩偶对故事的描述是正确还是错误。如果他们接受这句话，他们就是基于物质判断得出了不可数解读。就家具的物质而言，青蛙妖怪确实比黑妖怪吃了更多的家具。在这种情况下，基于物质判断的不可数解读被分配给了光杆集合名词"家具"。另一方面，如果被试拒绝这个句子，他们就是基于基数判断，因为是黑妖怪吃了更多件家具。在这种情况下，表示个体的可数解读被分配给"家具"。因此，在这个以非个体导向的语境中，我们同时提供了可数解读和不可数解读的两种可能性。通过被试的"是"或"否"的回答，我们可以推测在这个特定的语境中被试分配了哪种解读。我们预计，如果被试对语境敏感的话，他们会接受测试句子，在这种以非个体导向的语境中分配不可数解读。

在测试条件2中，我们通过强调物体的基数来创建以个体判断为导向的语境。在一个典型的场景中，仙女姐姐(见图6-2左侧)和仙女妹妹(见图6-2右侧)进行了一场魔术比赛。仙女姐姐用魔法变出了一张大桌子和一把大椅子，而仙女妹妹变出了两把小椅子和两张小桌子。裁判员发给了仙女妹妹一枚金牌，给了仙女姐姐一枚黑叉。故事的最后一个场景如图6-2所示。

在这种情况下，两位仙女变出的家具数目决定了哪位仙女可以获得奖励。因此，物体的数目是这个特定实验场景下数量判断的最重要信息。通过金牌与黑叉的使用，数目信息得到了突显和加强。在这个情景下，实验者

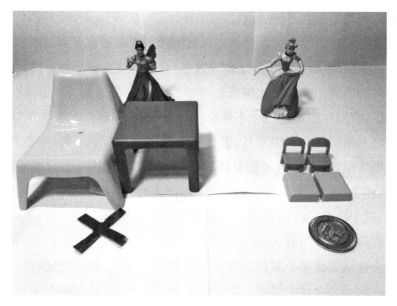

图 6-2　实验一的个体导向的语境

问玩偶谁变出了更多家具,玩偶回答说,仙女姐姐变出更多家具,如例句(3)
所示。

　　(3) 仙女姐姐变出了更多家具。

　　如果被试拒绝这个句子,我们推断他们基于数目进行数量判断,因为仙
女姐姐只变出了两件家具,而仙女妹妹变出了更多的家具。在这种情况下,
被试赋予句子中的"家具"以可数解读。然而,如果被试接受了这个句子,那
我们推断他们是基于物质进行数量判断,因为仙女姐姐变出的家具的总体
物质要比仙女妹妹的多。在这种情况下,被试在测试句子中赋予了"家具"
不可数解读。因此,虽然我们设计的这个语境偏向于引导可数解读,但是被
试可能会选择可数或不可数的解读方式。我们通过观察被试对测试句的接
受或拒绝,来推断他们对光杆集合名词的理解。我们预期,在这种以个体导
向的语境中,被试更可能拒绝该句子,表现出对可数解读的偏好。如果被试
对语境信息不够敏感,他们可能会在两种测试条件下均倾向于选择可数解

读。这是因为根据先前的研究(Liu, 2014；Lin & Schaeffer, 2018)，汉语儿童和成人在中性语境中通常会首选可数解读来理解集合名词。

在实际测试中，我们设计了两个故事，分别构建了非个体导向的语境和个体导向的语境。这两个故事都包含了相同的集合名词，即"家具""工具"和"餐具"，它们在故事的三个不同部分中被提及。具体来说，在故事 1 中，青蛙妖怪和黑妖怪分别用家具、工具和餐具作为他们的早餐、午餐和晚餐。而在故事 2 中，仙女姐姐和仙女妹妹在三次魔法比赛中，通过魔法变出家具、工具和餐具。每个条件下总共有 60 个测试项目(20 个被试×3 个测试项目)。两个故事的叙述顺序——也就是两个测试条件的呈现顺序——在被试之间是随机分配的。

每个被试完成整个测试过程大约需要 12～15 分钟。测试材料的具体细节已在附录二中详细说明。除了测试句子本身，玩偶在每个测试句子之前或之后还加入了两个填充句。这些填充句的正误是显而易见的，它们的主要作用是隐藏研究的真实目的，并确保儿童能够理解任务的要求(Crain & Thornton, 1998)。通过这种方式，我们为儿童创建了一个轻松的实验环境，同时也帮助研究人员更准确地评估他们对集合名词解读的理解。

6.1.4 实验结果

在两种测试条件下，成人和儿童展现出了相似的反应模式。当测试情境以非个体为导向时，他们倾向于接受测试句子，赋予光杆集合名词不可数的解读。具体来说，成人的接受率为 90%(54/60)，儿童的接受率为 87%(52/60)。通过曼-惠特尼检验，我们发现在这种条件下，儿童和成人对测试句子的接受程度无显著性差异($z=0.424$；$p>0.05$)。进一步分析个体数据，我们发现仅有三名儿童(年龄分别为 4 岁 11 个月、5 岁 3 个月和 6 岁)以及两名成人始终拒绝接受测试句子，他们倾向于可数解读。

在个体导向的语境下，所有成人和儿童均 100%拒绝了测试句子，选择了可数解读，并为他们的拒绝提供了合理的理由。例如，在拒绝测试句(3)"仙女姐姐变出更多家具"时，成人和儿童指出仙女姐姐只变出来了两件家具，或者是仙女妹妹变出了更多的家具。相关的数据汇总如表 6-1 所示。

表 6-1　实验 1 中的儿童和成人数据

年龄组	非个体导向语境中的不可数解读	个体导向语境中的可数解读
儿童	87%	100%
成人	90%	100%

　　根据研究结果,我们可以得出结论:无论是成人还是儿童,他们对语境信息都表现出高度的敏感性。他们能够根据语境的变化调整对光杆集合名词的理解,即在个体导向的语境中倾向于赋予可数解读,而在非个体导向的语境中则倾向于赋予不可数解读。这表明,在成人和儿童的语法体系中,光杆集合名词并不具有固定的可数性解读,其解读是动态的,会随着语境的变化而变化。这些实验数据为我们深入分析汉语中光杆集合名词的可数性问题提供了有力的实证支持。

6.2　实验二:与个体量词同现的集合名词的可数性解读

　　实验二探究汉语中个体量词如何影响与其共现的集合名词的可数性。研究的核心问题:在个体量词存在的情况下,汉语儿童和成人是否只赋予可数解读。为此,我们从同一所幼儿园招募了 20 名 5～6 岁的汉语儿童作为实验对象(年龄范围:5 岁 7 个月～6 岁 6 个月,平均年龄:5 岁 11 个月 28 天),并从同一所大学另外招募了 20 名汉语为母语的成年人(包括本科生和研究生)作为对照组。

　　实验二的设计与实验一基本保持一致,唯一的区别是实验二在测试句子中加入了个体量词。具体来说,实验二沿用了实验一的测试条件,包括非个体导向的语境和个体导向的语境,以观察这两种语境对与量词共现的集合名词解读是否产生影响。通过这种设计,我们探究个体量词的存在如何影响汉语使用者对集合名词可数性的理解。

　　在非个体导向的语境中,实验设计通过比较不同物体的物质来构建故事情境。以一个典型的实验场景为例,故事讲述了猩猩妖怪和河马妖怪的

饮食习惯,他们什么都吃,但由于牙痛,必须将食物磨碎。在一次外出寻找
食物的过程中,猩猩妖怪找到了一个大沙发和一个大衣柜,把它们磨成一大
堆食物,他吃完后肚子感到非常饱;而河马妖怪则找到了两个小沙发和两个
小衣柜,把它们磨成一小堆食物,吃完后仍然感到非常饿。在这个情境下,
一名实验者向玩偶(由另一位实验者扮演)提出问题,询问谁吃了更多的家
具。玩偶的回答是猩猩妖怪吃了更多个家具,如例句(4)所示。

(4) 猩猩妖怪吃了更多个家具。

这个测试句是对故事的错误描述,因为猩猩妖怪只吃了两件家具,是河
马妖怪吃了更多件家具。基于这一事实,被试应该拒绝测试句。

在个体导向的语境中,实验设计侧重于比较物体的数量。以一个典型
的实验场景为例,恐龙哥哥和恐龙弟弟进行了一场魔术比赛。恐龙哥哥变
出了一个大衣柜和一个大沙发,而恐龙弟弟则变出了两个小衣柜和两个小
沙发。评委最终给恐龙弟弟颁发了一枚金牌,给恐龙哥哥颁发了一枚黑叉
字奖牌。在这个情境下,实验者向玩偶提问,询问谁变出了更多个家具,玩
偶回答说恐龙哥哥变出了更多个家具,如例句(5)所示。

(5) 恐龙哥哥变出了更多个家具。

这个测试句也没有准确地描述故事情节,因为实际上恐龙哥哥只变出
了两件家具,而恐龙弟弟变出了四件。因此,在这种情境下,被试应当拒绝
接受这个测试句。

简而言之,实验二的设计沿袭了实验一的做法,格外在测试句子中加入
了个体量词"个",探索量词的存在如何影响被试对集合名词可数性的解读。
在两种测试条件中,我们提供了关于物体的物质和数量的信息,两个不同的
维度信息。但是,由于个体量词的明确指示,测试句子在实验二中明确指向
了可数解读,没有歧义。

实验二的流程也与实验一保持一致,包括两个故事,每个故事代表一种

测试条件。这两个故事分别围绕三个集合名词"家具""工具"和"交通工具"展开,每个集合名词在每个故事中都有相应的测试项目。每个测试故事包含 60 个测试项目(20 个被试×3 个测试项目)。两个故事的呈现顺序在不同被试之间随机分配。在正式的测试开始之前,我们也对儿童被试进行了预测试,以确认他们是否理解这三个集合名词的含义,这一步骤与实验一相同。除了测试句子,我们还提供了简单的填充句子。每位被试参与整个实验的时间大约为 12~15 分钟。

　　实验二的结果表明,成人和儿童的反应与我们的预测一致。在非个体导向的语境中,两组被试都 100%拒绝了测试句子(60/60),并在拒绝测试句时给出了合理的理由。例如,对于测试句(4),他们指出猩猩妖怪实际上只吃了两件家具,而河马妖怪吃了更多件家具,这与测试句中的说法相矛盾。

　　同样,在个体导向的语境中,成人和儿童也都 100%拒绝了测试句子(60/60),并且提供了适当的拒绝理由。例如,对于测试句(5),被试指出恐龙哥哥只变出了两件家具,而恐龙弟弟变出了四件,这同样与测试句中的描述不符。

　　总结来说,在实验二中,无论是儿童还是成人,都对测试句中出现的个体量词"个"表现出了高度的敏感性。在个体量词存在的条件下,不论是在个体导向语境,还是在非个体导向语境,被试都只赋予集合名词可数解读。这一发现进一步验证了我们对汉语中集合名词可数性分析的理论分析。

6.3　实验三: 光杆集合名词可数性解读的进一步探究

　　实验三是实验一的延伸,旨在进一步探索实验一中观察到的现象。在实验一中,我们通过非个体导向的语境成功诱发了集合名词的不可数解读。在这种语境中,单个物体被捣碎研磨成了物质。然而,我们的实验结果有两种可能的解释。

　　一种解释是将这种不可数解读视为集合名词的基本语义特征,即它们本质上倾向于表达不可数的概念(Pelletier，1975，2012)。另一种解释认为,集合名词如"家具"在没有特定语境提示时,通常被理解为可数名词,代表具体的个体。但是,某些非语言因素或基于现实世界的知识可能会促使这些集合名词的解读从可数转变为不可数,从而指向非个体的概念。根据这第二种解释,实验中观察到的不可数解读并非集合名词的基本语义,而是一种由特定语境或知识影响下转化而来的次级语义。

事实上,Cheng、Doetjes 和 Sybesma(2008)在研究汉语中的普通名词,如"苹果"和"橘子"时,确实提出了与上述第二种可能性相符的观点。他们认为,根据这些词的本体属性,它们在一般情况下被理解为可数名词。但是,在特定的语境下,比如在讨论蔬菜沙拉时,这些名词可能会经历从可数到不可数的语义转变,表达一种物质解读,这种转变是由特定的非语言环境所触发的。相关例子参见例句(6)。在这个例子中,"苹果"和"橘子"不再是指称可数的单个水果,而是作为沙拉的组成部分,指称它们的物质成分。

(6) 沙拉里有苹果/橘子。

根据 Cheng、Doetjes 和 Sybesma(2008)的观点,我们可以假设他们可能会认为,像"家具"这样的光杆集合名词的基本语义是可数解读,通常用来指代可数的个体或集合,而不是不可数的物质。然而,在实验一中,通过特定的语境操纵——将个体物体研磨成物质——我们观察到了不可数解读的出现。这种不可数解读会被认为不是名词的基本语义特征,而是在特定语境下由非语言因素或现实世界知识触发的次级语义变化。

实验三的设计目的在于辨析这两种不同的解释,以便更精确地揭示汉语集合名词的语义特性和它们在不同语境下的理解方式。通过精心设计的实验条件,我们希望确定集合名词的不可数解读是其基本语义属性,还是由特定语境或现实世界知识引发的次级语义变化。

我们的研究问题是:在缺乏物质研磨的情境下,物质解读是否仍然存在。如果物质解读在没有物质研磨的情况下仍然存在,我们可以推断实验一中观察到的不可数解读不是依赖物质研磨的语境,而更有可能是光杆集合名词的固有词汇意义。

为了实现上述研究目标,我们在实验三中考察了在没有物质研磨情境下的三个光杆集合名词的解读。因此,实验三的设计在大多数方面与实验一的非个体导向条件保持一致,唯一的区别在于移除了物质研磨的元素。具体来说,我们使用了相同的三个测试项目("家具""工具"和"餐具"),并将它们融入一个吃东西的故事中。

在这个故事中,我们设定了两个角色:青蛙妖怪和黑妖怪。这两个怪物有着相似的饮食习惯,他们会吃掉他们能找到的任何东西。有一天,青蛙妖怪发现了一张大桌子和一把大椅子。他没有咀嚼,直接将它们整个吞下,吃完后它的肚子变得非常饱。与此同时,黑妖怪也找到了两张小桌子和两把小椅子,同样没有咀嚼就直接吞下,他仍然感到非常饿。故事的最后一个场景如图6-3所示。

图6-3 实验三的非个体导向的语境

该语境突出了在数量判断中家具的物质,因为大量的家具使青蛙妖怪吃得很饱,而少量的家具则无法缓解黑妖怪的饥饿感。在这种新的非个体导向语境下,实验者问玩偶谁吃了更多家具,装扮玩偶的实验者回答说青蛙妖怪比黑妖怪吃了更多家具,如例句(7)所示。

(7) 青蛙妖怪吃了更多家具。

然后,被试需要判断玩偶对故事的描述是否正确。与实验一相似,我们可以通过被试的判断来推断他们对集合名词"家具"在特定语境中的解读是可数还是不可数。如果被试接受这个句子,那么他们对数量的判断是基于物质的量:从家具的物质量来看,青蛙妖怪确实比黑妖怪吃了更多的家具。在这种情况下,光杆集合名词"家具"被赋予了不可数解读。相反,如果被试不接受这个句子,那么他们对数量的判断是基于基数的,即黑妖怪吃掉了更多的家具件数。在这种情况下,"家具"被赋予了可数解读。另外两个测试项目,"工具"和"餐具",也以相同的方法在吃东西的故事中进行了测试。

我们从同一所幼儿园招募了 20 名 4～5 岁的汉语儿童(年龄范围：4 岁 8 个月 1 天～5 岁 9 个月 26 天;平均年龄：5 岁 2 个月 4 天),并从同一所大学招募了 20 名汉语成年人(包括本科生和研究生)作为对照组。这些被试与实验一和实验二中的被试不重复。测试故事包含了总共 60 个测试项目(20 名被试×3 个测试项目)。在正式测试开始之前,我们采用了与实验一相同的方法来评估被试是否理解了三个集合名词的含义。除了测试句子,我们还提供了简单的填充句。每位被试的实验参与过程大约持续了 6 分钟。

现在来看结果。在新的非个体导向的语境中,即使没有展示研磨物质的场景,儿童和成人都倾向于接受测试句子,将不可数的解读赋予光杆集合名词。具体来说,成人的接受率为 80%(48/60),儿童的接受率更是高达 95%(57/60)。在查看个体数据时,我们注意到只有一名儿童(年龄：5 岁 4 个月 10 天)和四名成人始终拒绝接受测试句子,他们倾向于赋予这些集合名词可数的解读。

为了探究研磨物质的存在是否会影响不可数解读的分配,我们采用了曼-惠特尼检验来比较实验一和实验三的数据。检验结果显示,在两个实验中,儿童对不可数解读的分配没有显著性差异(实验一：87%,实验三：95%;$z=1.014$, $p>0.05$)。同样地,成人在两个实验中对不可数解读的分配也没有显著性差异(实验一：90%,实验三：80%;$z=0.874$, $p>0.05$)。

基于这些数据分析,我们得出结论,不可数解读的产生并不必然依赖于研磨物质的存在。只要被试的注意力被引导至物体的非个体维度,这种解读就有可能呈现出来。因此,我们推测不可数解读是光杆集合名词的基本词汇意义,而不是由非语言因素(如"万能研磨机")所引发地从可数到不可数的次级转化语义(Pelletier,1975,2012)。

6.4 三个实验的综合分析

在本研究中,我们通过三个实验探讨了影响汉语集合名词解读的多种因素。实验一的结果显示,在非个体导向的语境中,无论是儿童还是成人,都倾向于将光杆集合名词解读为不可数;而在个体导向的语境中,则倾向于解读为可数。实验二则发现,无论语境如何,只要集合名词与个体量词"个"共现,儿童和成人都倾向于将其解读为可数。实验三进一步揭示,在没有研磨物质的非个体导向的语境中,儿童和成人仍然主要将光杆集合名词解读为不可数。这些实验结果表明,不可数解读的分配并不依赖于研磨物质的存在。我们认为,在实验中观察到的不可数解读是光杆集合名词的基本词汇意义,而不是由特定的语境(如"万能研磨机")所引发地从可数到不可数的转变意义。

根据这三个实验的结果,我们得出了一个重要结论:在汉语成人和儿童的语言使用中,形态句法因素(即个体量词的存在)和语境信息对于集合名词的解读具有显著影响,但它们的作用机制不同。具体来说,光杆集合名词在没有量词的情况下,在可数性上存在一定的歧义。因此,语境信息能够显著影响光杆集合名词的解读。另外,个体量词的存在则为集合名词的可数性起决定性作用。在实验中,当集合名词与个体量词"个"共现时,无论语境如何,儿童和成人都倾向于将其解读为可数。这表明,个体量词在决定集合名词的可数性方面起到了决定性作用。

我们的实验数据证实了我们在前一章中对 Liu(2014)以及 Lin 和 Schaeffer(2018)的研究结果的推断。这两项研究显示光杆集合名词被赋予可数解读。我们推测这仅仅反映被试在中性语境中对这类词的解读偏好。

我们的实验结果表明，在适当的语境下，不可数解读确实可以被触发。因此，我们认为汉语集合名词不应被视为 Lin 和 Schaeffer 所认为的"例外"。相反，汉语集合名词允许可数和不可数解读的存在，这与其他类型的汉语光杆名词相似。因此，我们采纳句法观来解释汉语中所有光杆名词的解读，无论它们的本体属性如何。换句话说，光杆名词在可数性方面具有歧义性，其可数解读或不可数解读由具体语境所决定。

除了上述理论问题，本研究还为可数性问题的研究提供了新的实验设计方法。首先，我们将形态句法因素和语境信息的作用区分开来，并在实验设计中将它们作为两个独立变量进行考察。在分析量词功能时，我们对比了最小配对句的解读，即有无个体量词"个"的句子。在评估语境信息的作用时，我们设计了两种不同的语境：非个体导向的语境和个体导向的语境，并观察集合名词的解读是否会因语境的变化而变化。我们的研究结果与Grimm 和 Levin(2012)以及 Beviláqua 和 Pires de Oliveira(2014)的研究一致，表明语境信息在集合名词的解读中扮演着重要角色。正如 Rothstein(2017)所指出的，同样的实体可以通过不同的维度进行量化，这取决于具体的语境。此外，我们在实验一和实验二中的数据进一步证实了语境操纵主要影响光杆集合名词的解读。实验二显示，在个体量词存在的情况下，语境操纵对集合名词的解读没有影响，这与 Borer(2005)和 Pelletier(2012)关于英语复数形态句法在决定可数性方面的功能的研究相似。

其次，我们采用了真值判断任务(Crain & Thornton, 1998)。这种方法能够直接检测某种特定解读是否存在。这与之前研究中广泛使用的问答式数量判断任务有所不同(Barner & Snedeker, 2005, 2006；Inagaki & Barner, 2009)。问答式任务要求被试做出二选一的选择，这可能导致所谓的"偏好"问题。因此，我们采用的基于真值判断的数量判断任务既保留了数量判断任务的优点(Bale & Barner, 2009)，又避免了问答式数量判断中可能出现的"偏好"问题。此外，真值判断任务有助于通过语境操纵来测试句子的歧义性(Crain & Thornton, 1998)。在我们的研究中，这种方法使我们能够测试一个句子是否允许可数和不可数解读的共存，并确定在特定语境中哪种解读被分配到特定的语境中。

最后,与先前的研究相比,我们的实验成功地触发了更高比例的不可数解读 (Liu, 2014; Lin & Schaeffer, 2018; Grimm & Levin, 2012; Beviláqua & Pires de Oliveira, 2014)。我们认为,实验方法("真值判断任务"对比"问答式任务")和语境信息("非个体导向语境"对比"中性语境")在这一结果中扮演了关键角色。然而,有人可能会提出,我们实验中高比例的不可数解读可能是由于使用了动词"吃",这可能使被试更关注实体的体积和重量。我们认为,不可数解读的获得确实可能受到事件类型的影响 (Barner, Wagner & Snedeker, 2008; Grimm & Levin, 2012),同一个名词与不同的动词共现时,可能会表现出不同程度的不可数解读。然而,在我们的实验中,最关键的发现是,即使在相同的吃东西故事中使用了相同的动词"吃",当个体量词"个"与集合名词共现时,不可数解读便不再出现(实验二)。这一比较使我们得出结论,尽管集合名词的可数性可能受到共现动词类型的影响,但个体量词的存在与否是决定性的。光杆集合名词具有歧义性,但当它们与量词共现时,这种歧义性便不复存在。

6.5 小结

通过三个精心设计的实验,我们深入探究了汉语儿童和成人对汉语集合名词的解读。研究结果支持了句法观在可数性问题上的解释。我们发现,量词的存在与否是决定集合名词可数性的关键因素。在没有量词的情况下,光杆集合名词的可数性呈现出不确定性,并且受到语境的显著影响。这些实验研究提供了有力的证据,支持我们对汉语集合名词特征的分析。

除了在理论上的贡献之外,本研究还引入了新的实验方法,为可数与不可数问题的研究领域做出了贡献。因此,本研究不仅为集合名词的研究提供了新的数据,也为可数与不可数问题的探讨带来了新的视角和启示。

第7章
有生命名词的可数性解读

第 5 章和第 6 章中,我们深入探讨了集合名词的可数性问题。我们的实验数据表明:尽管光杆集合名词通常倾向于被解读为可数,但在合适的语境中也能被解读为不可数。然而,当集合名词与个体量词结合时,它们便只能被解读为可数。基于这些发现,我们得出结论:语境和形态句法特征(量词的存在与否)都是影响汉语集合名词可数性的关键因素,其中形态句法特征起着决定性作用。我们的实验结果支持了可数性问题的句法观(Borer,2005;Pelletier,2012)。在接下来的两章中,我们将转向另一类名词——有生命名词。

7.1 有生命名词可数性解读的复杂性

有生命名词的指称同样涉及现实事物、认知过程和语言使用之间复杂的相互作用和相互影响。在现有文献中,生命性被认为是影响名词可数性解读的一个重要因素。生命性较高的名词相较于生命性较低的名词,更倾向于被赋予可数的解读(Smith-Stark,1974;Corbett,2000;Grimm,2018)。因此,有生命名词经常被认定为一种典型的可数名词,只能表达可数解读。

有生命名词的解读讨论还涉及一个哲学思想实验——"万能研磨机"(the universal grinder)。这个思想实验由 Pelletier(1975)提出,他认为即便是那些在英语中被普遍认为是可数的名词(如"man"),在特定的语境中也可能被解读为不可数。万能研磨机就是一个可以促进这种不可数解读的语境。这个思想实验的设定是：将一个可数个体放进万能研磨机的一端，而从另外一端出来的则是由该个体研磨得到的物质。在这个思想实验中，Pelletier 展示了如何将英语中的典型可数名词"man"转化为不可数的解读："There's man all over the floor."这一例子生动地阐释了在万能研磨机这一特定语境下，"man"不再指代具体的个体，而是转变成了一种不可数的物质形态（见 7.2 节）。

关于汉语有生命名词的解读，Cheng、Doetjes 和 Sybesma（2008）指出，虽然万能研磨机通过语用强制转换（pragmatic coercion）能够为某些可数名词（如"苹果"）提供不可数的解读。然而，由于词汇阻隔效应，这种转换并不适用于汉语有生命名词（如"狗"）。在汉语中，有生命名词可以通过添加后缀"-肉"（如"狗肉"）来指称有生命个体的物质形态。因此，他们得出结论，汉语有生命名词仅具有可数解读（见 7.3 节）。

Cheng、Doetjes 和 Sybesma 的观点代表了可数性问题的语义观，即名词的可数性本质上是由其所指称对象的本体特征决定的。对于有生命名词而言，它们的指称对象是具体的个体，因此在词汇层面上被视为可数名词。这种观点强调了名词的可数性与其指称对象的本体特征之间的直接联系。

我们持可数性问题的句法观，即名词可数性需要在句法层面确定，任何一种语言的名词本身没有固定的可数或者不可数解读（Borer，2005），或者可数和不可数两种语义特征都具有（Pelletier，2012）。另外，句法观还认为英语中的复数标记（-s）的句法功能类似于汉语中的量词，两者都标记可数性（Borer，2005；Pelletier，2012）。基于这种句法观，我们认为有生命名词在词汇层面上同时具备可数和不可数两种语义特征。当它们用作光杆名词时，它们的解读应该要受到语境的影响。然而，当它们与量词结合使用时，它们的可数性就会明确。

综上所述，汉语有生命名词的可数性解读也存在语义观与句法观的辨析。语义观认为，汉语有生命名词是可数名词，只有可数解读，其不可数解读需要通过特定的语用转化过程来实现，但词汇阻隔效应限制了语用转换的实现。我们持句法观，认为有生命名词的可数解读和不可数解读都是其固有的基本含义,形态句法决定其可数性解读。

儿童语言研究为区分这两种不同的理论观点提供了宝贵的视角。有大量证据表明,儿童在获得语用知识方面的能力通常不如成人(Noveck,2001；Chierchia, et al, 2001)。基于这一点,我们可以合理推测：与成人相比,儿童更不可能通过 Cheng、Doetjes 和 Sybesma 所描述的语用转换机制来获得可数名词的不可数解读。如果研究数据显示,即使在缺乏语用转换的语境下,儿童仍然能够得到名词的不可数解读,这将表明不可数解读是儿童语言知识中名词固有含义的一部分。由此可以推断,这种不可数解读也是成人词汇中名词含义的一部分。这样的发现将支持这样一种观点：有生命名词的不可数解读并非完全依赖于语用转换,而是名词固有的语义属性之一。

本章将讨论汉语有生命名词的语义性质,下一章汇报儿童语言实验。本章和下一章的内容都是在 Huang、Zhang 和 Crain(2024)的研究成果基础上进行汇报的。

7.2 Pelletier(1975)的万能研磨机

前面我们提到,Pelletier(1975)提出的"万能研磨机"思想实验用于说明即使是通常被视为可数的名词,在特定的语境下也能展现出不可数的解读。例如,如果一个人被投入研磨机一端,那么一堆人肉随后会出现在另一端。根据 Pelletier 的说法,当转换完成后,人们能自然地说出"There's man all over the floor."这句话。

Pelletier 指出,"万能研磨机"展示了我们可以如何引出典型可数名词的不可数含义(Pelletier 1975：456)。他用"man"这个词的不同用法来说明,名词在不同的语境中可以具有可数或不可数的含义。他主张,我们不应当简单地将名词划分为可数或不可数两类,而应该认识到名词可以具有不可数和可数的多种含义(Pelletier,1975：452)。他进一步阐释,名词的可数或不可数含义取决于它们所指代的对象：当名词指代个体时,它们具有可数含义；而当名词指代这些个体的物质组成时,它们则具有不可数含义。

Pelletier 在他的分析中还提出,"万能研磨机"这一思想实验可以应用于所有名词的解读。他的看法与 Gleason(1965:136-137)的观点相一致。Gleason 也认为,在适当的语境下,任何名词都可以表现出可数或不可数的特性。Pelletier 和 Gleason 都指出,尽管某些名词在日常用法中展现可数或不可数的优势用法,但在某些特殊情况下,优势用法可能会被改变,从而展现出名词的另一种含义。

Pelletier(2012)指出,在所有语言中,词汇层面上有可数和不可数两种意义,具体意义是在短语结构构建过程中确定的。从类型学的角度来看,不同语言采用不同的语法机制来确定名词的可数性或不可数性含义。例如,在英语这样的数标记语言中,通过复数形式(-s)和限定词(如"several")来指示名词的可数性解读。而在汉语这样的量词语言中,量词在量词短语层面上规定名词的可数与不可数状态。对于那些在句法上不区分可数与不可数,且没有量词的语言,通常依赖上下文信息来确定名词的解读。

7.3 Cheng、Doetjes 和 Sybesma(2008)提出的万能研磨机

在文献中,对"万能研磨机"这一术语的理解和应用往往与 Pelletier 最初的构想相去甚远。该术语经常被用来说明如何将可数名词"强制转换"(coercion)为不可数解读(Cheng, Doetjes & Sybesma, 2008;Chierchia, 2010;Rothstein, 2017)。

在本研究中,我们专注于 Cheng、Doetjes 和 Sybesma(2008)提出的"万能研磨机"概念。他们基于名词指称的本体属性,认为无论是英语还是汉语中的有生命名词本质上都是可数名词(Cheng & Sybesma, 1998, 1999;Doetjes, 1997)。这些研究者利用"万能研磨机"这一概念,阐释了不同语言中(尤其是英语和汉语)可数名词如何被强制性地赋予不可数的解读。

他们提出两种不同的"万能研磨机"的触发机制:形态句法驱动的"万能研磨机"和语用驱动的"万能研磨机"。具体来说,英语中展现了形态句法驱动的"万能研磨机"。在英语中,复数形式和不定冠词用于标记名词的可数性(Cheng & Sybesma, 1998, 1999)。缺少这些形态句法标记的可数名

词被强制转化为不可数解读，以避免产生语法上的不自然(Doetjes，1997)。这种解释策略被 Cheng、Doetjes 和 Sybesma 用来解释英语中例句(1)里可数名词"dog"的不可数用法。在此句中，"dog"缺少可数性语法标记，因此为了语法的正确性，被强制解释为不可数名词。

(1) There is dog all over the wall.

另外，Cheng、Doetjes 和 Sybesma 认为，与英语不同，汉语不受形态句法转换的影响，因为汉语中的可数名词不需要形态句法来标记可数状态。因此，他们认为通过"万能研磨机"产生的语用强制转换(pragmatic coercion)适用于汉语。语用强制转换就是 Cheng、Doetjes 和 Sybesma 所述的第二个触发器。此外，他们认为语用强制转换只适用于部分可数名词。援引他们的例子来说明，在例句(2)中，"苹果"是表示个体苹果的可数名词，但在例句(3)的语境中，苹果块是沙拉的关键元素，可以转换出"苹果"的不可数解读。

(2) 盘子里有苹果。
(3) 沙拉里有苹果。

然而，Cheng、Doetjes 和 Sybesma 提出，语用转换并不总是能够触发汉语有生命名词(如"狗")的不可数解读。他们认为，"狗"这个词通常只用来表达可数的解读。因此，在例句(4)中，它只能被理解为墙上狗的图案。

(4) 墙上都是狗。

Cheng、Doetjes 和 Sybesma 进一步解释说，为了表达"狗"这类有生命名词的不可数解读，需要使用像例句(5)中那样的复合名词"狗肉"。由于汉语中"狗"和"狗肉"这两个词汇都存在，这种词汇并存导致了所谓的词汇阻塞效应，从而阻碍了例句(4)中"狗"的不可数解读。

（5）墙上都是狗肉。

综上所述,我们回顾了两种不同的名词可数性观点。一方面,Pelletier
(1975)提出,名词在词汇层面就内含了可数与不可数的双重意义。他以"万
能研磨机"为例,说明在特定语境下,即便是通常被认为是可数的名词,也可
以展现出不可数的解读。此外,他指出,在汉语等量词语言中,量词的使用
是决定名词可数性的关键。另一方面,Cheng、Doetjes 和 Sybesma(2008)提
出,在英语这类语言中,名词本身区分可数名词和不可数名词,但是可以通
过形态句法手段使可数名词强制转换得到不可数解读。然而,汉语并不采
用这种形态句法机制,因此,汉语中可数名词向不可数解读的转换完全依赖
于语用环境。但是,他们同时指出,由于词汇阻塞效应的存在,汉语中的生
命名词很难有不可数的解读。

Pelletier(1975)以及 Cheng、Doetjes 和 Sybesma(2008)对"万能研磨
机"的不同论述,实质上体现了名词可数性的两种不同理论视角:句法观和
语义观。在前几章中,我们已经详细讨论了这两种观点。句法观主张名词
本身并不固有地决定其可数或不可数的解读,而是需要根据其所在句法结
构来确定。与此相对,语义观则认为名词的可数性是基于其指称对象的本
体特征来区分的,即名词可以基于其指称对象的本质属性被分类为可数或
不可数。

接下来,我们将探讨汉语中具有生命名词的可数性解读问题。

7.4　汉语有生命名词的可数性解读

我们与 Pelletier(1975)持有相同的立场。我们同样认为,汉语中的有
生命名词在词汇层面上包含着可数和不可数的双重意义。这跟前几章中讨
论的汉语普通名词和集合名词的可数性解读一样。我们认为,对于汉语有
生命名词而言,其不可数性的解读并非必须依赖于类似"万能研磨机"这样
的强制性语境转换。以下是我们的详细论述。

现实世界中的物体具有多种维度,这些维度可能包括基数、体积、重量、

物质和数量(Schwarzschild，2006)。当我们在语言中强调名词指称的基数维度时，我们倾向于得到可数的解读。而当我们强调名词指称的非基数维度时，我们得到的则是不可数的解读(Bale & Barner，2009；Rothstein，2017；Beviláqua，Lima & Pires de Oliveira，2016)。

确定名词指称的维度方式因语言而异。在英语中，名词的可数性通过形态句法标记来体现。相比之下，在汉语中，名词可以光杆形式出现，而无须任何语法标记来明确其可数性。这种语言特性使得汉语中的名词本质上具有可数性方面的歧义。

我们用下面例句(6)加以说明。

(6) 大鸟妖怪吃了更多狗。

在例句(6)中，光杆名词"狗"既有可数解读，也有不可数解读。当"狗"被理解为可数时，句子根据基数维度进行数量判断；而当"狗"被理解为不可数时，句子则根据狗的总重量(非基数维度)进行数量判断。这两种解读展示了对同一物体的不同测量维度。

对于光杆名词而言，语境对维度的选择起着决定性的作用。当语境特别强调基数维度(如狗的数量)时，名词倾向于被解读为可数形式。相反，如果语境强调非基数维度，如狗的重量时，那么名词则倾向于被解读为不可数形式。

从上面的论述中，我们看到，有生命名词产生不可数解读的情况，并不局限于指代物体的物质，还可以指称重量、体积等多种非基数维度。因此，我们认为，在解读汉语有生命名词时，词汇阻塞效应并不会完全阻止有生命名词产生不可数解读。因此，我们的观点与 Cheng、Doetjes 和 Sybesma (2008)提出的观点存在差异。

除了用作光杆名词外，汉语有生命名词还可以与量词搭配使用。量词是汉语里一种确定名词指称维度的形态句法手段。因此，一旦量词与名词结合，其可数性就确定了，不能通过语境来改变。

以例句(7)为例，它与例句(6)的区别在于引入了个体量词"只"。量词

"只"的使用明确指示了句子的解读必须基于基数维度,即与个体的数量相关。因此,例句(7)只允许可数解读。

　　(7) 大鸟妖怪吃了更多只狗。

　　总结一下,我们的立场与 Pelletier(2012)的理论相契合,即认为汉语名词在词汇层面就蕴含了可数和不可数的双重意义,这一观点同样适用于有生命的名词。我们认为"万能研磨机"不是汉语有生命名词产生不可数解读的必要条件。相反,我们认为汉语有生命名词的解读主要取决于其指称的维度选择。

　　形态句法和语用语境都影响名词指称维度的选择,进而影响汉语有生命名词的可数性解读。当语境和形态句法信息同时存在时,形态句法信息通常起决定性作用。这是因为句法结构是语义解读的前提,而语境因素通常不会改变已经通过语法分析得出的解读。

　　我们的观点与 Fodor(1983)提出的语言装置的模块化模型(modular model of the language apparatus)相一致,该模型认为语言的形态句法优先于语境信息。语言装置的模块化架构适用于儿童和成人语言学习者,因此形态句法属性应该要超越语境信息的作用(Crain & Thornton,1998;Crain & Wexler,1999)。

7.5　小结

　　本章探讨了汉语有生命名词的可数性解读问题。首先,我们回顾了英语中"万能研磨机"的思想实验,指出在特定语境下,可数名词也可被解读为不可数。然而,Cheng、Doetjes 和 Sybesma(2008)认为汉语有生命名词(如"狗")因词汇阻隔效应,无法通过语用转换得到不可数解读,仅能通过添加后缀(如"狗肉")指称物质形态。这种观点代表了语义观,认为名词的可数性由其指称对象的本体特征所决定。

　　其次,本章持句法观立场,认为汉语有生命名词在词汇层面同时具有可数和不可数的语义特征，其解读取决于语境和形态句法。例如，光杆名词"狗"在强调数量的基数维度时为可数，而在强调重量等非基数维度时为不可数。量词的使用则明确指示可数性，确定了名词的解读范围。再次，本章指出形态句法在名词可数性解读中起决定性作用，语境信息虽重要，但通常不会改变语法结构所确定的解读。

最后，本章提出儿童语言研究可为辩析语义观和句法观提供实证证据。如果儿童能在缺乏语用支持的情况下得到名词的不可数解读，则表明不可数性是名词固有的语义属性。下一章将通过实验验证这一理论分析。

第 8 章
有生命名词可数性的儿童语言实验

在上一章中,我们讨论了汉语中具有生命名词在可数性解读上的复杂性。我们指出,尽管这些名词在语义上倾向于可数解读,但它们在词汇层面上仍然保留了可数和不可数两种解读的可能性。因此,汉语中光杆有生命名词的可数性解读应该要受到语境的显著影响。然而,当这些名词与个体量词搭配使用时,它们应该被固定地解读为可数。我们的观点属于汉语可数性的句法观(Borer,2005;Pelletier,2012)。这与 Cheng、Doetjes 和 Sybesma(2008)提出的语义观形成鲜明对比,后者认为汉语有生命名词本质上是可数的,仅具有可数解读。在本章中,我们将通过实证数据进一步辨析这两种不同的理论观点。

8.1 实验背景

本研究有两个目的。第一,我们要确定汉语中有生命名词是否允许不可数解读。最近的实证研究已经表明,无论是汉语儿童还是成人,在处理光杆名词时,都允准可数和不可数两种解读,尽管他们可能对其中一种解读有更明显的偏好(Lin & Schaeffer,2018)。我们在第 6 章也报告了,即便是通常被视为可数名词的汉语集合名词,在合适的语境下也能被解读为不可数。因此,本研究将调查儿童和成人是否能够接受汉语有生命名词的不可数解读。如果他们确实能够为汉语中的有生命名词分配不可数解读,那么本研究的第二个目的就是确定这种不可数解读是否与可数解读一样,属于它们的基本词汇含义。

为了探索这些研究问题,我们设计了两种不同的语境来调查儿童和成人对汉语有生命名词的解读方式。第一种语境引入了现实版本的"万能研磨机",也就是引入一个可以将个体研磨成物质的装置。第二种语境则是缺乏"万能研磨机"的场景。通过这两种语境的对比实验,我们可以确定"万能研磨机"的语境是否是汉语儿童和成人获得有生命名词不可数解读的必要条件。如果在缺少"万能研磨机"的情境中,儿童和成人仍旧能够对有生命名词进行不可数的解读,那么就说明不可数解读属于汉语有生命名词的词汇意义的一部分。

儿童语言研究可以帮助我们辨析上述汉语可数性的句法观与语义观,它们分别有两种不同的实验结果预测。

第一,根据 Cheng、Doetjes 和 Sybesma(2008)的汉语可数性语义观,有生命名词的基本含义是可数含义,不可数含义需要通过强制转换(coercion)才能得到。因此,该观点会预测,儿童将无法获得不可数解读,或者他们获得这种转化解读的概率将显著低于成人。这是因为与成年人相比,儿童使用语用强制手段来获得转化解读的可能性更低,因为他们可能缺乏足够的认知资源来处理这些超出基本字面含义的转化含义(Noveck,2001;Chierchia et al,2001)。

第二,从我们的句法观出发,因为有生命名词词汇层面上同时包含可数和不可数解读,那么我们预测儿童能够得到与成年相似的不可数解读。

总的来说,儿童的语言研究为我们提供了探究词汇表达基本含义的独特视角。儿童对词汇的理解尚未受到现实世界知识和会话规范的深刻影响,因此他们对词汇的基本含义有着更直接的理解,这有助于我们区分细微的含义差异。通过研究儿童的语言,我们可以更清楚地看到语言的原始形态,从而更好地理解语言的内在结构和发展过程。

8.2 实验过程

本研究由四个实验组成。实验一和实验二探究形态句法和语境因素如何影响汉语成人以及 4～6 岁汉语儿童对汉语有生命名词的解读。为了检验形态句法的作用,我们设计了两种类型的测试句,以形成最小配对。在实验一中,我们向被试展示了不包含量词的光杆有生命名词句;而在实验二中,我们展示了包含个体量词的句子。通过这种设计,我们可以比较形态句法信息对有生命名词解读的影响。

此外,为了测试语境信息的影响,我们分别在两种不同的语境下向被试呈现了上述两类包含有生命名词的句子。第一种语境是个体导向的,用于引导被试关注实验语境中物体的数量;第二种语境是以重量为导向的,用于引导被试关注实验语境中物体的重量。

通过这种实验设计,我们可以揭示形态句法和语境因素如何共同作用于汉语使用者对有生命名词的解读。

实验三和实验四探究“万能研磨机”场景是否对于推导出汉语光杆有生命名词的不可数解读具有必要性。在实验三中,我们设定了一个场景,其中“万能研磨机”能够将个体物品转化为物质。这种设定创造一个支持不可数解读的语境,以观察被试在这种特定情境下对有生命名词的解读。实验四则作为对照实验,缺乏“万能研磨机”对物品进行形体转换的场景,这样的实验设计提供一个没有明确支持不可数解读语境的对照情境。如果被试在没有“万能研磨机”的场景下也能给予有生命名词不可数的解读,这将表明不可数解读属于汉语有生命名词词汇意义的一部分。

表 8-1 提供了对上述四个实验设计的总结,并对比了我们句法观的预测与 Cheng、Doetjes 和 Sybesma(2008)语义观的预测。完整的实验材料可以在附录四中找到。

表 8-1　实验设计大纲

实验一:光杆有生命名词的解读(无“万能研磨机”)		
测试语境	句法观的预测	语义观的预测
重量导向语境	不可数解读	可数解读
个体导向语境	可数解读	可数解读

（续表）

实验二：量词-有生命名词的解读（无"万能研磨机"）		
测试语境	句法观的预测	语义观的预测
重量导向语境	可数解读	可数解读
个体导向语境	可数解读	可数解读

实验三：光杆有生命名词的解读（有"万能研磨机"）		
测试语境	句法观的预测	语义观的预测
重量导向语境	不可数解读	可数解读

实验四：有生命名词的解读（无"万能研磨机"）		
测试句	句法观的预测	语义观的预测
光杆有生命名词	不可数解读	可数解读
量词-有生命名词	可数解读	可数解读

如表 8-1 所示，我们的句法观预测，光杆有生命名词的解读将依赖语境，且不需要"万能研磨机"的辅助来推导不可数解读（实验一、三、四）。在个体量词存在的情况下，我们预测有生命名词将只被赋予可数解读（实验二）。相反，Cheng、Doetjes 和 Sybesma（2008）的语义观则认为汉语有生命名词具有基本的可数含义，不可数解读需要通过语用转换来实现。在词汇阻塞效应的影响下，被试应该只会给光杆名词分配可数解读。增加个体量词不会对被试的数量判断产生影响。

现将四个实验的详细情况分别汇报如下，并检验实验预测与实验结果的一致性。

8.2.1 实验一

实验一探讨汉语儿童和成人是否会在两种不同的语境（个体导向语境和重量导向语境）中给光杆有生命名词分配可数和不可数解读。

8.2.1.1 被试信息

我们招募了 24 名 4～5 岁的汉语儿童，年龄范围从 4 岁 7 个月～5 岁 6

个月,平均年龄为 5 岁 2 个月。这些儿童被试是从中国江苏省一所大学的附属幼儿园中招募的。我们也招募了 24 名汉语成年被试作为实验对照组,他们是同一所大学的本科生和研究生,年龄范围为从 18~24 岁。

8.2.1.2　实验方法和流程

实验采用了真值判断任务(Crain & McKee, 1985; Crain & Thornton, 1998)。实验由两名实验者操作。一名实验者负责使用玩具和道具向儿童讲述故事,而另一名实验者则扮演玩偶的角色,与儿童一起观看故事。在每个故事的结尾,玩偶会向儿童解释故事中发生的事情,用以呈现测试句。儿童的任务是判断玩偶的陈述是否与故事内容相符。如果儿童认为玩偶的陈述是正确的,实验者会邀请儿童用草莓奖励玩偶。相反,如果玩偶的陈述是错误的,实验者则让儿童给玩偶罚吃一个红辣椒,以此来提醒玩偶在听故事时要更加专注。

四个实验均采用相同的实验方法和流程。儿童与成人都单独进行测试,实验流程和测试材料相同。

8.2.1.3　测试句、测试条件和测试材料

实验设计了两个测试条件。在条件一中,测试句在重量导向的语境中呈现。这个语境通过比较两个动物角色吃掉的食物量来构建。在一个典型的测试项中,故事涉及两只妖怪:青蛙妖怪和大鸟妖怪。在故事中,这两只妖怪什么都爱吃。某一天,大鸟妖怪捉到了两只各一百斤重的大狗并把它们都吃了,它感到很饱。而在同一天,青蛙妖怪抓到了四只各只有十斤重的小狗,也把它们都吃了,但它还是很饿。这个故事的最后场景如图 8-1 所示。

在这个故事里,重量的显著差异——大鸟妖怪吃了两百斤食物,而青蛙妖怪仅吃了四十斤——导致了截然不同的结果:大鸟妖怪吃得很饱,青蛙妖怪却依然很饿。通过这种情节安排,我们向被试传达了一个重要信息:重量是这个语境中进行量化比较的标准。

故事结束后,实验者问实验者扮演的玩偶谁吃了"更多狗"。玩偶用例句(1)来回答这个问题。

(1) 大鸟妖怪吃了更多狗。

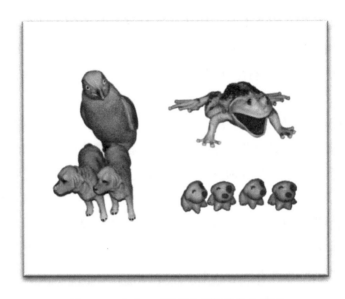

图 8-1　实验一重量导向语境的故事举例

被试的任务是判断玩偶的陈述是否正确地描述了故事内容。通过这种方式，我们可以观察被试如何解释光杆有生命名词。

如果被试接受测试句，这表明他们是根据重量来进行数量判断的，即他们对名词进行了不可数解读。在这种解读下，大鸟妖怪吃掉的狗的总重量（两百斤重）超过了青蛙妖怪（四十斤重）。

相反，如果被试拒绝测试句，我们会询问他们拒绝的理由。如果被试说明青蛙妖怪吃掉的狗的数量（四只）多于大鸟妖怪吃掉的狗的数量（两只），那表明他们是根据狗的数量来进行数量判断的，赋予了可数解读。

因此，实验设计允许被试在特定语境下选择可数或不可数解读。通过观察被试对测试句的接受或拒绝情况，我们可以判断他们在这个特定语境下更倾向于哪种解读。

条件二引入了个体导向语境。在一个典型的测试故事中，蝴蝶仙女和小鸟仙女进行了一场魔法比赛。蝴蝶仙女用自己的魔法技能变出了两只大狗。为了炫耀自己的魔法实力，小鸟仙女变出了四只小狗。小鸟仙女在比赛中获胜并获得了金牌。而蝴蝶仙女输掉了魔法比赛，得到了一个黑叉。这个故事的最后场景如图 8-2 所示。我们采用金牌和黑叉的奖惩机制,向被试传递一个关键信息:物体数量是这个实验场景中量化比较的标准。

图 8‑2　实验一个体导向语境的故事举例

在故事结束后,实验者扮演的玩偶产出了例句(2)中的测试句,声称蝴蝶仙女比小鸟仙女变出了"更多狗"。

(2) 蝴蝶仙女变了更多狗。

如果被试根据基数做出数量判断,那么他们应该拒绝例句(2),因为小鸟仙女比蝴蝶仙子变了更多只狗。如果被试根据重量做出数量判断,那么他们应该接受测试例句(2),因为蝴蝶仙女变出的狗的总重量大于小鸟仙女变出的总重量。

在我们的两个实验条件下,实验均设计了可数或不可数解读的可能性。被试对测试句子的接受或拒绝,能够揭示其在特定语境下倾向于采纳何种解读方式。基于我们的假设,预计在重量导向条件下,被试可能更倾向于选择不可数解读；而在个体导向条件下，则更倾向于选择可数解读。与此相反，根据 Cheng、Doetjes 和 Sybesma(2008)提出的语义观，无论在何种条件下，预期的解读都应为可数解读。

测试环节包含两个故事，分别用于呈现重量导向语境和个体导向语境。每个故事均包含三个目标句子，这些句子分别包含了光杆有生命名词[①]"狗""牛""羊"。在重量导向故事中，青蛙妖怪和大鸟妖怪分别将"狗"作为早餐、"牛"作为午餐、"羊"作为晚餐。而在个体导向故事中，蝴蝶仙女和小鸟仙女通过三场魔术比赛分别变出了"狗""牛""羊"。两个故事的呈现顺序随机，整个测试过程持续大约 12～15 分钟。

我们采用被试内设计，即每位被试均接受上述两个实验条件的测试。在此设计下，每位被试听到共计 6 个测试句子。因此，每个实验条件下，24 名被试共同提供了 72 条回答。

除了测试句子外，玩偶还会说出填充句。这些填充句子分别出现在每个测试句子之前和之后。被试者可以轻松地判断这些填充句子的正确性。填充句子的目的是隐藏实验的真实意图，并确保儿童被试在实验过程中感到舒适和放松(Crain & Thornton，1998)。

8.2.1.4 实验结果

在两种实验条件下，成人与儿童均表现出相似的反应模式。具体而言，在重量导向条件下，儿童接受测试句子的比例为 75%(54/72 个测试项)，而成年的接受比例为 71%(51/72 个测试项)。通过进行曼-惠特尼检验，分析结果显示两组被试在接受测试句子方面没有显著性差异($z=0.205$；$p>0.05$)。

在个体导向条件下，两组被试都 100%拒绝了测试句子。实验者通过邀请玩偶解释他拒绝句子的原因。被试提供的理由明确显示，他们对测试句子赋予了可数的解读。例如，在拒绝例句(2)时，成人和儿童给出的理由

[①] 在本实验以及另外三个实验中，光杆有生命名词被用来指代家畜。我们选择这些名词是因为它们通常与"肉"这个词搭配使用。根据 Cheng、Doetjes 和 Sybesma(2008)的研究，这些名词由于所谓的词汇阻塞效应，不允许有不可数的解读。通过在实验中使用这些有生命的名词，我们能够直接检验这一论点的有效性。

通常是：蝴蝶仙女只变出了两只狗,而小鸟仙女变出了四只狗;或者指出小鸟仙女变出了更多只狗。

图 8-3 总结了成人和儿童数据的实验结果。

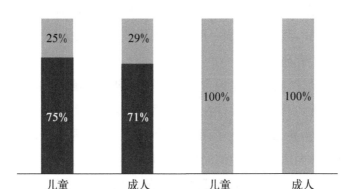

儿童　　　　成人　　　　儿童　　　　成人
(重量导向语境)(重量导向语境)(个体导向语境)(个体导向语境)

■ 物质解读　　■ 可数解读

图 8-3 实 验 结 果

实验结果表明,大多数儿童和成人被试都能够根据不同的语境赋予汉语光杆有生命名词可数和不可数解读。因此,这些数据印证了我们的实验预测,为我们的假设提供了实证支持,即汉语光杆有生命名词具有可数和不可数两种解读。这一发现与 Cheng、Doetjes 和 Sybesma(2008)的观点相悖,他们认为汉语中的有生命名词仅具有可数解读。

值得注意的是,即使在重量导向语境中,有一些被试也给测试句中的光杆有生命名词分配一定比例的可数解读(成人：29％;儿童：25％)。这些被试包括 24 名儿童中的 6 名儿童和 24 名成人中的 7 名成人。这些被试在两个测试语境中都一致分配可数解读给汉语有生命名词。这些被试提供的理由也清楚地表明,他们始终用基数维度做有生命名词的数量比较。由于这种反应模式也在实验三和实验四中复现,我们将在 8.3 节中讨论这种反应模式。

8.2.2　实验二

实验二探究个体量词对汉语有生命名词的可数性解读所产生的影响。

我们的研究问题是：当汉语有生命名词与个体量词结合使用时，汉语儿童是否仅分配可数解读？

我们招募了 20 名汉语儿童，他们均来自与实验一相同的幼儿园。这些儿童的年龄跨度从 4 岁 8 个月 9 天～5 岁 7 个月 10 天，平均年龄为 5 岁 2 个月 18 天。同样，我们还从同一所大学招募了 20 名成人作为对照组，他们为该校的本科生和研究生。

关于实验设计，实验二在包含汉语有生命名词的测试句中引入了个体量词。除此之外，实验二的设计在其他方面与实验一保持了一致性。

具体来说，实验二也设计了两个实验条件：重量导向语境和个体导向语境。在重量导向语境中，我们同样用重量作为量化比较的重要衡量标准。比如，一个大鸟妖怪吃了两只各重 100 斤的大狗，感到心满意足，而青蛙妖怪吃了四只各重 10 斤的小狗之后，仍旧感到饥肠辘辘。

随后，实验者会向实验者扮演的玩偶提出问题，询问是哪个妖怪吃了"更多只狗"。玩偶利用下面的测试句作出回答：

　　（3）大鸟妖怪吃了更多只狗。

由于个体量词"只"的使用，即使在这个重量导向的语境中，例句（3）也只能表达可数解读。因此，这个句子是对故事场景的错误描述，因为大鸟妖怪实际上吃了两只狗，而青蛙妖怪吃了四只狗。

实验二的另一个测试条件提供了个体导向的语境。在一个故事中，蝴蝶仙女使用魔法变出了两只大狗，而小鸟仙女用魔法变出了四只小狗。最后小鸟仙女获得了金牌，而蝴蝶仙女获得了黑叉。实验者随后询问实验者扮演的玩偶，是谁变出了"更多只狗"。玩偶使用例句（4）回答。

　　（4）蝴蝶仙女变了更多只狗。

由于个体量词"只"的存在，例句（4）也表达了可数解读。这也是对故事的错误描述，因为蝴蝶仙女只变出了两只狗，数量少于小鸟仙女变出的四只狗。因此,在这种场景下,被试应该拒绝例句(4)。

总结一下,我们预测在实验二中,无论是儿童还是成人,他们在两个实验条件下都只分配可数解读给汉语有生命名词。这意味着,个体量词"只"的存在,决定了两组被试对这类名词的解读不会因语境条件的不同而改变。

从 Cheng、Doetjes 和 Sybesma(2008)的语义观来看,汉语有生命名词在词汇层面就被视为可数名词,因此,当这些名词与个体量词"只"结合使用时,其可数的解读与名词的基本语义属性是一致的(Cheng & Sybesma,1998,1999)。

综合上述分析,在量词存在的情况下,我们的句法观和 Cheng、Doetjes 和 Sybesma(2008)的语义观都做出了相同的预测:当个体量词"只"与汉语有生命名词一起使用时,无论是儿童还是成人,都应该倾向于对其进行可数解读。然而,需要说明的是,我们认为可数解读是由个体量词"只"这一形态句法触发的,而 Cheng、Doetjes 和 Sybesma 则会认为可数解读源自汉语有生命名词的唯一词汇意义。我们将在后面辨析这两种观点。

现在我们来看实验结果。实验结果显示,成人组和儿童组被试在两种不同的语境条件下都倾向于拒绝测试句,赋予了可数解读。具体来说,在重量导向语境下,儿童组拒绝测试句的比例高达 95%(57/60),而成人组的拒绝比例达到了 100%(60/60)。被试用恰当的陈述来解释他们拒绝的理由。例如,他们指出,在示例故事中,大鸟妖怪实际上只吃了两只狗;另外一种解释是青蛙妖怪吃了更多只狗。

在个体导向语境中,成人组和儿童组拒绝测试句的比例都是 100%(60/60),并且同样给出了恰当的理由。

实验二的结果表明,无论是汉语儿童还是成人,都对个体量词"只"的存在表现出了高度的敏感性。当句子中包含个体量词"只"时,被试不受语境的影响,一致地将可数解读分配给汉语有生命名词。因此,实验数据证实了我们的观点,即个体量词明确决定了汉语有生命名词的可数性。

8.2.3　实验一和实验二总结比较

实验一和实验二探讨了语境信息和形态句法对汉语有生命名词解读的

影响。实验一的结果显示，在对光杆有生命名词的解读中，4～6 岁的儿童和成人都表现出对语境信息的敏感性。在个体导向的语境下，两组被试一致地对含有生命名词的句子进行了可数解读；而在重量导向的语境下，大约四分之三的被试者则倾向于对相同的句式进行不可数解读。

在实验二中，我们在测试句中加入个体量词"只"，我们观察到无论语境如何变化，两组被试都一致地对汉语有生命名词进行可数解读。

这些实验结果表明，形态句法和语用语境都对汉语有生命名词的可数性解读产生影响。然而，形态句法发挥了更为决定性的作用。语境仅在光杆有生命名词的可数性解读中起作用；一旦形态句法（如量词的加入）变得明确，语用语境便不再发挥作用。

这些实验结果支持我们的句法观点，但与 Cheng、Doetjes 和 Sybesma (2008)提出的语义观点不符。根据他们的观点，有生命名词本质上是可数的，因此无论个体量词是否出现，这些名词的解读应该保持不变。然而，这种观点与我们的实验结果不吻合，无法解释实验一和实验二中被试对汉语有生命名词赋予的不同解读。

接下来，我们需要探讨的问题是：我们所观察到的汉语有生命名词的不可数解读，究竟是这些名词的固有词汇意义，还是由可数意义强制转换而来的？为了深入探究这一研究问题，我们设计了实验三。实验三引入了一个新的实验情境——"万能研磨机"，用以探究儿童和成人在这一特定场景下对汉语光杆有生命名词的解读方式。

如果"万能研磨机"这一场景在激发不可数解读方面并不比实验一中重量导向的语境更有效，那么这将为我们的理论观点提供进一步的支持，即不可数解读是汉语有生命名词固有词汇含义的一部分，而不仅仅是由语用强制转换所导致的结果（见第 7 章的讨论）。

另外，我们还设计了实验四，用于排除实验一中可能存在的人为影响因素。虽然实验一中的动物角色并没有实际被研磨成物质，但不可数解读的出现可能与隐含的"万能研磨机"概念有关，即与口腔研磨行为相关。为了检验这种可能性，实验四引入了另一个不涉及任何研磨效果的动词——"举起"，从而可以更准确地评估语用坏境对不可数解读的影响。

下面我们分别汇报这两个实验的详情。

8.2.4　实验三

实验三探究汉语儿童和成人在"万能研磨机"的重量导向语境中对光杆有生命名词的解读方式。相较于实验一的重量导向条件,实验三在设计上引入了一个关键差异:特别增加了一个"万能研磨机"的场景。

在实验三的一个典型测试故事中,大鸟妖怪和青蛙妖怪喜欢吃东西。然而,由于他们都缺少牙齿,必须先将食物研磨后才能食用。有一天,大鸟妖怪捕获了两只各重 100 斤的大狗,并将其研磨成一堆食物后吃掉,随后感到非常饱足。与此同时,青蛙妖怪捕获了四只各重 10 斤的小狗,也将它们研磨后食用,但仍然感到饥饿。这个故事的最后场景如图 8-4 所示。

图 8-4　实验三的重量导向语境的故事举例

与实验一相似,实验三的故事也强调了研磨后食物重量的差异:大鸟妖怪因为食用了大量食物而感到饱足,而青蛙妖怪由于食用的食物较少,仍然感到饥饿。

故事结束后,实验者询问玩偶哪个妖怪吃了"更多狗"。玩偶的回答如例句(5)所示。被试的任务是判断玩偶的陈述是否准确地描述了故事内容。

(5) 大鸟妖怪吃了更多狗。

本实验共招募了24名汉语儿童参与,他们的年龄范围从4岁8个月4天~5岁7个月27天,平均年龄为5岁2个月4天。此外,我们还招募了24名成年人作为对照组参与了实验。这些儿童和成人被试均来自与实验一和实验二相同的幼儿园和大学,但他们之前没有参与过前两个实验。

测试故事中采用了与前两个实验相同的三个有生命名词:"狗""牛""羊"。因此,每位被试接受了三个测试句,总共有72个测试项(24名被试×3个测试句)。测试过程中,与实验一相似,也穿插了填充句。由于本实验仅设置了一个测试条件,每位被试者的测试时间大约为7分钟。

现在来汇报实验三的数据结果。儿童接受测试句的比例为95%(69/72),而成年被试的接受测试句的比例为75%(54/72)。也就是说,在"万能研磨机"的场景下,大多数汉语儿童和成人倾向于选择不可数解读。另外,在这项研究中,24名儿童被试中有1人持续拒绝接受测试句子,24名成年被试中有6人也表现出了这种反应模式。这一小部分被试表现出对可数解读的偏好。图8-5总结了实验三的结果。

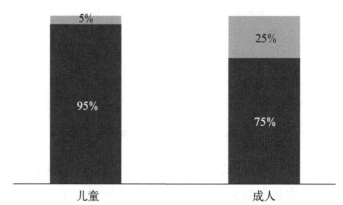

图 8-5　实验二的实验结果

比较实验三与实验一的结果,我们发现"万能研磨机"语境的存在似乎提高了儿童分配不可数解读的比例,从实验一的 75% 上升到实验三的 95%。对于成年被试,他们在实验一和实验三中的接受率分别为 70% 和 75%。曼-惠特尼检验的结果表明,在这两个实验中,儿童和成年的接受率并没有显著差异(儿童:$p > 0.05$,$z = 0.96$;成人:$z = 0.321$,$p > 0.05$)。这一发现与我们的假设相符,即无论"万能研磨机"是否存在,汉语儿童和成人都能够得到不可数名词的解读。相比之下,Cheng、Doetjes 和 Sybesma (2008)的语义观无法充分解释为什么被试在实验三中对有生命的名词也赋予了不可数的解读。

然而,我们还需考虑另一种可能的解释。有一种观点认为,实验一中的吃东西场景实际上隐含了一种物质研磨的行为,这可能意味着实验一和实验三的语境在不同程度上都涉及了物体向物质状态的转变。为了排除这种可能性对实验结果的潜在影响,我们在实验四中进一步探究了在没有任何研磨动作的语境中,汉语有生命名词是否仍然存在不可数解读。

8.2.5　实验四

实验四探究汉语儿童和成人在处理汉语有生命名词与动词"举起"搭配时的可数性解读。研究主要关注在适宜的语境中,被试是否倾向于对光杆有生命名词进行不可数的解读。同时,研究也考察了当这些有生命名词与个体量词搭配使用时,被试是否仅会进行可数的解读。

为了构建一个不涉及研磨动作且适合不可数解读的语境,实验四设计了一个举重比赛的故事。这个故事通过比较不同动物角色举重的重量来实现语境的构建。以下是一个典型的故事场景。

在一个举重比赛中,大鸟妖怪和青蛙妖怪展开了一场较量。比赛开始时,两位选手面前摆放着两个篮子,每个篮子里都装有动物。一个篮子里装着两只大狗,每只狗重 100 斤;另一个篮子里则装着两只小狗,每只狗重 10 斤。大鸟妖怪首先毫不费力地举起了装有两只大狗的篮子。而青蛙妖怪在尝试举那个装有大狗的篮子时未能成功,但他成功地举起了装有两只小狗的篮子。最终,大鸟妖怪因其出色的表现赢得了金牌,而青蛙妖怪则因为未能举起较重的篮子而只拿到象征失败的黑叉。这个故事的最后场景如图8-6所示。

图8-6　实验四的重量导向语境的故事举例

这个故事通过强调重量的差异和举重的动作，创造了一个重量导向的语境，引导被试关注于动物的整体重量而非动物的数量。

实验设计了两组测试句。第一组测试句使用了光杆有生命名词，如例句(6)所示，而第二组测试句则在有生命名词前加上了个体量词"只"，如例句(7)所示。这两组句子构成了最小句子配对，唯一的区别在于个体量词"只"的有无。

(6)大鸟妖怪举起了多少狗，青蛙妖怪就举起了多少狗。

(7)大鸟妖怪举起了多少只狗，青蛙妖怪就举起了多少只狗。

在例句(6)和(7)中，有生命名词"狗"出现在包含非疑问代词的汉语条件句结构中。这种结构通常包含一对相同的非疑问代词，它们分别出现在条件句的前件和后件中。无论是可数解读还是不可数解读,这对非疑问代词都表示相同类别的量化信息(Cheng & Huang,1996;Chierchia,2000;Lin,1996)。

在例句(6)中,非疑问代词"多少"出现在这种条件句中,它既可以指代数量的物体,也可以指代重量。因此,当"多少"与有生命名词"狗"一起使用时,它具有两种不同的解读。一种解读是"大鸟妖怪和青蛙妖怪举起了相同数量的狗"(可数解读),另一种解读是"大鸟妖怪和青蛙妖怪举起了相同重量的狗"(不可数解读)。

在实验中,被试对测试句子的接受或拒绝可以揭示他们如何理解句子中的"多少"。具体来说,如果被试拒绝测试例句(6),这可能意味着他们认为句子中的"多少"指的是重量,赋予"狗"不可数解读。相反,如果被试接受测试例句(6),这可能意味着他们理解"多少"指的是狗的数量,他们允准的则是可数解读。由于我们的实验提供了一个专为不可数名词解读而设计的以重量为主导的语境,我们预计那些对语境敏感的儿童和成人会倾向于拒绝接受这个测试句子。

再来看例句(7)。当非疑问代词"多少"与个体量词"只"结合时,复合词"多少只"充当了可数限定词的功能,使得句子只能被理解为可数解读,即大鸟妖怪和青蛙妖怪举起相同数量的狗。我们预测儿童和成人被试都会在这种语境下接受测试句,因为大鸟妖怪和青蛙妖怪举起的狗的数量确实是相同的。

需要解释说明的是,实验四避免使用与前三个实验用到的含有"更多"的句子结构,原因在于我们在预实验中观察到了词汇阻塞效应。在预实验中,我们在包含"更多"的句子中使用动词"举起"来描述一场举重比赛(比如"青蛙妖怪举起了更多狗")。一些参与预实验的成人被试指出,当他们被要求比较动物角色的重量时,他们更倾向于使用"更重"而不是"更多"。相反,当被要求比较动物的数量时,他们更倾向于使用"更多"。因此,在"更多"结构中的使用可能会压制光杆有生命名词的不可数解读。

为了避免这种词汇阻塞效应,我们改为使用包含非疑问代词"多少(只)"的条件句结构,如例句(6)和(7)所示。先前的研究已经表明,4 岁的汉语儿童能够理解这种条件句结构（Huang，Ursini & Meroni，2021）。此外，由于实验四中对不可数名词的解读侧重于重量维度而非物质维度，我们的实验规避了 Cheng、Doetjes 和 Sybesma（2008）所描述的、由"狗肉"等汉语复合词所引发的词汇阻塞效应（见第 7 章的讨论）。

我们招募了两组不同的被试，每组包含 20 名儿童和 20 名成人，分别测试两类测试句。两组儿童被试年龄相近，第一组儿童解读包含光杆有生命名词的测试句，被试的年龄范围是 4 岁 11 个月~6 岁 5 个月 16 天，平均年龄为 5 岁 10 个月 5 天；第二组儿童解读有生命名词与个体量词搭配使用的测试句，被试的年龄范围是 4 岁 9 个月 5 天~6 岁 6 个月 17 天，平均年龄为 5 岁 10 个月 15 天。这些儿童和成人被试没有参与过前三个实验，但他们来自同一所幼儿园和大学。

在实验中，我们使用了三个相同的汉语有生命名词："狗""牛""羊"。对于每个类型的测试句，我们有 60 个测试项（20 名被试×3 个测试句）。除了测试句，我们还设计了一些简单的填充句以保持被试的注意力和兴趣。每位被试的整个测试过程大约持续 7 分钟。

以下是我们的实验结果。在解读含有光杆有生命名词的句子时，儿童和成人被试拒绝测试句的比例为 60%（36/60）。被试在拒绝测试句时提供了合理的理由。例如，在拒绝句子（6）时，被试指出：大鸟妖怪举起的大狗比青蛙妖怪举起的小狗重；或者两只妖怪举起的狗的重量不同。这与我们的预期相符，即儿童和成人被试在这个重量导向的语境中更倾向于进行不可数解读。

然而，我们也发现了一小部分被试（8 名儿童和 8 名成人）在所有三个测试句中都接受了测试句，在这个重量导向的语境下仍然选择了可数解读。这表明，这些被试强烈偏好可数解读。这种个体差异在我们的实验一和实验三中也有所观察。我们将在 8.3 节总体讨论部分进一步探究这一现象，分析在适宜不可数解读的语境中，部分被试仍然偏好可数解读的原因。

接着看被试如何解读包含个体量词和有生命名词的测试句。我们观察到儿童和成人都 100% 接受了这类测试句，这表明他们倾向于给这些带有个体量词的句子赋予可数的解读。这种一致性表明，当个体量词"只"与汉语有生命名词结合时，它有效地消除了歧义，明确了可数性。因此，被试在解读这类句子时，普遍选择了可数解读。图8-7对实验数据进行了总结。

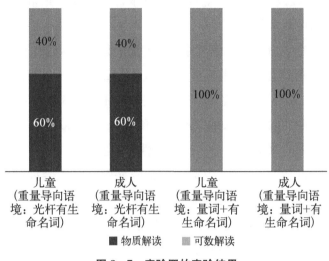

图8-7　实验四的实验结果

　　综上所述，在合适的重量导向语境中，当光杆有生命名词与动词"举起"搭配使用时，儿童和成人都倾向于进行不可数解读。然而，一旦引入个体量词，他们则一致地进行可数解读。这些实验结果与实验一和实验二的发现相吻合。由于实验四的语境并未涉及物体到物质的形态转换，我们推测实验中观察到的不可数解读源自汉语有生命名词的词汇含义，而不是由可数名词强制转换为不可数名词的结果。实验数据为我们的理论观点提供了实证支持，即"万能研磨机"场景的存在并非获取不可数解读的必要条件。在接下来的部分，我们将综合分析四个实验的数据，进一步探讨触发不可数解读的因素。

8.3　实验的综合分析

　　基于四个实验的数据结果，我们发现语境信息和形态句法（量词的存在或缺失）都影响汉语有生命名词的可数性解读，但它们起着不同的作用。

语境信息对于光杆有生命名词的可数性解读至关重要。在我们的研究中发现，当语境以个体为导向时，无论是儿童还是成人都更倾向于选择可数解读；相反，当语境以重量为导向时，他们则更倾向于不可数解读（实验一、三和四）。这一发现揭示了语境特征如何显著影响汉语儿童和成人对光杆有生命名词的可数性解读。

在被试对有生命名词的解读中，不可数解读通常不是首选，这可能是由于我们在第 7 章讨论的所谓有生命性效应（Smith-Stark，1974；Corbett，2000；Grimm，2018）。因此，语境信息在激发不可数解读方面起着重要作用。除了有生命性效应，Cheng、Doetjes 和 Sybesma（2008）提出的词汇阻塞效应也是一个影响汉语有生命名词可数性的重要因素。

我们认为，尽管有生命性效应和词汇阻塞效应可能会抑制不可数解读的产生，但合适的语境仍然能够促进不可数解读的产生。我们的观点是，词汇阻塞效应主要适用于讨论物质维度的情况。当语境强调其他非基数维度，如重量或体积时，可以避免词汇阻塞效应，从而促进不可数解读的形成。实验结果支持了我们的分析。首先，我们设计了一个突出重量维度的语境。这种语境促进了汉语儿童和成人理解光杆有生命名词的不可数用法。我们所测试的有生命名词（如"狗"）正是 Cheng、Doetjes 和 Sybesma（2008）认为没有不可数用法的名词，但我们的数据表明，这些名词是能够表达不可数用法的。我们的数据具有说服力，使我们能够更准确地描述光杆有生命名词的解读：有生命性效应和词汇阻塞效应可能影响不可数解读的获取，但不会完全阻止它。合适的语境对于理解不可数用法至关重要。其他研究也强调了语境信息对引导不可数解读的作用，如 Grimm 和 Levin（2012）、Beviláqua 和 Pires de Oliveira（2014）以及 Scontras、Davidson、Deal 和 Murray（2017）的研究所示。由于篇幅限制，我们无法详细讨论这些研究的具体内容。

此外，我们发现"万能研磨机"实验场景的存在并没有显著影响不可数解读的形成。在举重这样的实验场景中，即使没有"万能研磨机"的语境，也成功触发了不可数解读。这些实验结果表明，不可数解读的触发并不依赖"万能研磨机"语境所设计的语用转换。因此，我们推断不可数解读是汉语有生命名词固有的语义,而不是从可数解读转换所派生而来的含义。

接下来,我们讨论形态句法对汉语可数性解读的影响。我们通过对比测试句中是否包含个体量词,来分析其对汉语有生命名词可数性解读的影响。这些句子在两种不同的语境下进行了测试:个体导向语境和重量导向语境。实验结果揭示了一个显著的趋势:个体量词的存在对名词的可数性解读有着决定性的作用。具体来说,在个体导向的语境中,光杆有生命名词更倾向于被解读为可数;而在重量导向的语境中,它们则更倾向于被解读为不可数。值得注意的是,无论在哪种语境下,儿童和成人总是将包含个体量词的句子解读为可数。因此,形态句法特征,尤其是个体量词的使用,是决定名词可数性解读的决定性因素。这一发现与先前的研究一致,这些研究表明儿童对标记可数性的语法标记,如英语中的复数形态(Barner & Snedeker,2005,2006)和巴西葡萄牙语中的复数标记(Beviláqua,Lima & Pires De Oliveira,2016),具有敏感性。

综合以上讨论,我们的研究揭示了形态句法和语境信息都会对汉语有生命名词的解读产生影响,但是这两种因素在这一过程中扮演着不同的角色。量词等形态句法直接决定了汉语有生命名词的可数性解读;语境信息只影响光杆有生命名词的解读,并且这种影响不会超越形态句法所指定的可数性。本研究通过实验探讨了形态句法和语境信息各自所起的作用,从而揭示了汉语有生命名词解读的复杂性。

最后,我们探讨汉语有生命名词的解读偏好问题。在实验一、实验三和实验四中,即便在重量导向这样明显适宜不可数解读的语境下,仍有30%～40%的儿童和成人倾向于对光杆有生命名词进行可数解读。因此,在这些语境中,不可数解读的分配比例在 60%～75% 之间。我们需要解释为什么不可数解读的分配没有达到更高的比例。

为了解答这个问题,我们首先需要考虑语法知识与世界知识之间的相互作用。一方面,我们的语法知识赋予汉语有生命名词以可数和不可数解读的双重可能性。另一方面,生命性效应等因素(Smith-Stark,1974;Corbett,2000;Grimm,2018)使得可数解读在一定程度上更受偏好。对于我们来说,该问题的核心要点:尽管世界知识可能会影响我们对物体的感知和概念化,但它不应完全取代语法的作用(Borer,2005)。从这个角度来看,一些被试对可数解读的偏好反映了他们对"显性世界知识的反应"("the reflection of salient world knowledge",Borer,2005:107)。

就测试中被试的实际表现而言,由于光杆有生命名词本身具有歧义性,具有可数和不可数两种解读,因此可数性解读的分配很大程度上取决于被试对我们设计的特定语境的敏感程度。虽然我们的目标是在恰当的语境中触发不可数解读,但我们并不期待所有被试都会选择不可数解读。测试句的歧义性以及对可数解读的固有偏好使得这种偏好难以完全消除。对我们来说最关键的是,只要被试在恰当的语境中表现出对不可数解读的偏好,那么他们的行为就符合我们的预期。正如我们在实验一、实验三和实验四中所观察到的,被试在这些语境中确实更倾向于选择不可数解读,这支持了我们的观点。

值得注意的是,我们在文献中发现了一个有趣的现象:在适宜的语境下,不可数解读的获得呈现大致相同的比例,通常在 60%～75% 之间。例如,Beviláqua 和 Pires de Oliveira(2014)在巴西葡萄牙语的研究中指出,当语境强调实体的体积时,成人倾向于给光杆单数名词如"球"(bola)和"书"(livro)分配不可数解读的比例为 75%。同样,Grimm 和 Levin(2012)在英语中的研究发现,在功能导向的语境(如为房间配备家具)下,成人给集合名词(如"furniture")分配不可数解读的比例为 65%。在我们的实验中,光杆有生命名词的不可数解读在 60%～75% 之间,因此,我们的研究结果与过往研究是一致的。

8.4　小结

本章详细考察了影响汉语儿童和成人解读汉语有生命名词可数性解读的因素。我们的研究揭示了两个主要发现。第一,除了可数解读,汉语有生命名词还可以表达不可数解读;并且,汉语有生命名词的不可数解读是它们内在的词汇意义,不是通过类似"万能研磨机"这样的语用推理转换而来的。第二,形态句法和语境信息都影响汉语儿童和成人对汉语有生命名词的解读,但它们起着不同的作用。当语境特征和形态句法要素都存在时,形态句法特征起着决定性作用,语境信息只能影响光杆有生命名词的可数性解读。

从跨语言的视角来看,我们的实验设计不仅适用于汉语,也值得推广到其他语言中有生命名词或其他名词类型的可数性问题研究。我们期望这项研究能够为未来的学术探索提供新的视角,尤其是在探讨"万能研磨机"机制和可数性问题方面。

第 9 章
不定疑问代词短语可数性的儿童语言实验

在前面的章节中,在我们对名词短语的可数性解读进行了深入的探讨。我们探究了三种名词类别:一般物体名词、集合名词以及有生命性名词。我们发现,尽管这些名词短语在可数性解读上各有特点,但它们之间存在着一个显著的共性:可数性的解读既受形态句法的影响,也受语境的制约,其中形态句法扮演着决定性的角色。具体来说,当这些名词短语独立使用时,它们可以根据语境的不同允准可数或不可数解读。然而,一旦它们与个体量词相结合,它们的解读便只有可数解读,且这种解读不受语境变化的影响。我们的这些观点基于可数性句法观。通过一系列实验,我们发现在儿童和成人中,上述我们对汉语名词可数性解读的观点都得到了验证,因此我们的实验数据为可数性句法观提供了实证证据。

在本章中,我们将聚焦于汉语中不定疑问代词短语的可数性解读,这是一个相对较少被语言学家关注的研究领域。我们将深入探讨两种特定的不定疑问代词短语的使用情况:一种是没有量词修饰的"多少+名词"结构,另一种是带有量词"个"的"多少+个+名词"结构。本章内容是以 Huang、Ursini 和 Meroni(2021)的研究成果为基础进行汇报的。

9.1　实验背景

我们认为,不定疑问代词短语的可数性解读也受到形态句法和语境的影响。具体来说,"多少+名词"结构中的"多少"作为一个光杆不定疑问代词,其可数性解读根据上下文环境的变化而变化,既可以表示可数解读,也可以表示不可数解读,这取决于语境的具体要求。而包含个体量词的"多少＋个＋名词"结构则具有明确的可数性解读,用来询问或指代具体的数量。

我们用例句(1)和(2)来进一步说明。在这两个句子中,"多少＋名词"和"多少＋个＋名词"均出现在条件句结构中,这是使用不定疑问代词的一种典型结构(Cheng & Huang, 1996；Chierchia, 2000；Lin, 1996；Liu, 2016)。这种句式要求配对的不定疑问代词短语指称相同种类的数量。

    (1) 小狗吃了多少梨,小猫就吃了多少梨。
    (2) 小狗吃了多少个梨,小猫就吃了多少个梨。

这两个句子呈现出不同的可数性解读。例句(1)中的光杆不定疑问代词短语"多少梨"缺乏明确的可数性形态标记。因此,该短语并未指定一个明确的计数单位,使得相关名词"梨"的指称对象可以依据多种维度来计量,比如数量、重量或体积等。这正是例句(1)存在歧义的原因。在不可数解读中,该例句可表达狗和猫吃了相同重量的梨,其中"梨"指称梨的重量,而梨的具体数量或形状等信息则不明确。相反,在可数解读中,该例句可表达狗和猫消耗了相同数量的梨,其中"梨"指称的是梨的基数,而梨的具体大小或重量等信息则不明晰。在众多可能的解读中,以上是例句(1)可以表达的两种解读。

相比之下,在解读例句(2)中的"多少个梨"短语时,由于个体量词"个"的存在,这个句子中的"多少个梨"必须指称个体的梨,所以这句话只有可数解读:狗和猫吃了同样数量的梨。

总体而言,与名词短语的解读相似,不定疑问代词短语的解读同样受到形态句法和语境两个关键因素的影响:个体量词的有无决定了句子的可数性解读。当缺少个体量词时,"多少＋名词"结构在可数性解读上具有不确定性,既可以进行可数解读,也可以进行不可数解读。而一旦包含个体量词,如在"多少＋个＋名词"结构中,个体量词"个"的存在则明确了它们只能进行可数解读。接下来,我们将通过实验来验证这些理论分析。

9.2 实验过程

本实验探究汉语儿童在解读含有不定疑问代词短语"多少＋名词"和"多少＋个＋名词"的句子时，如何解读其可数性。

9.2.1 测试句、研究问题、实验预测

实验中包含了两种测试句型，"多少＋名词"和"多少＋个＋名词"分别出现在条件句中，如例句（1）和（2）所示（重复如下）。

（1）小狗吃了多少梨，小猫就吃了多少梨。
（2）小狗吃了多少个梨，小猫就吃了多少个梨。

如前所述，由于汉语缺乏表达可数性的形态句法，例句（1）中的"多少"结构存在歧义：一方面，当语境强调基数维度时，它可以表达可数性解读，即狗和猫吃了相同数量的梨；另一方面，当语境强调重量维度时，它也可以表达不可数解读，即狗和猫吃了相同重量的梨。我们的实验将设计合适的语境来触发这两种解读。

相比之下，由于个体量词"个"的存在，例句（2）中的"多少个梨"只能用基数维度来衡量，这个句子表达了"狗和猫吃了相同数量的梨"这样的可数解读。因此，我们预测无论提供什么语境，例句（2）都只有可数解读。我们将在实验中证实这一点。

综上所述，形态句法特征（即量词的存在与否）和语境信息是我们研究汉语不定疑问代词短语可数性解读的两个关键因素，我们在实验设计中将这两个因素作为独立的变量。因此，我们的研究问题集中在：① 汉语儿童在理解"多少＋名词"结构时，是否能够像成人一样，既接受可数名词的解读也接受不可数名词的解读？而在理解"多少＋个＋名词"结构时，是否仅接受个体名词的解读？② 汉语儿童是否知道语境的变化会影响他们对"多少＋名词"结构的埋解，但对于"多少＋个＋名词"结构的理解则不受语境变化的影响。

9.2.2 实验被试

我们从江苏省苏州大学附属幼儿园招募了 20 名 4～5 岁以汉语为母语的儿童。儿童组的年龄跨度是从 4 岁 3 个月 28 天～5 岁 7 个月 13 天,平均年龄为 4 岁 11 个月 26 天。根据前人对汉语量词和疑问代词的习得研究(李宇明 & 唐志东,1991；Huang, 2009；Huang & Lee, 2009；Fan, 2012；Zhou, Su, Crain, Gao & Zhan, 2012),我们推测这个年龄段的儿童可能是进行两个不定疑问代词短语测试的最小年龄。实验还包括了 20 名成年人作为对照组。这些成年被试者是苏州大学的研究生。

9.2.3 实验流程

我们采用了真值判断法(Crain & McKee, 1985；Crain & Thornton, 1998)进行实验。实验中包括两名实验者,一位负责用玩具和道具讲述故事,另一位扮演玩偶,与儿童一起观看。在每个故事的结尾,玩偶会向儿童说明故事中发生的事情。儿童的任务是判断玩偶的陈述是否正确。如果儿童认为玩偶的陈述有误,实验员会询问儿童拒绝的原因。

我们逐一向每位儿童被试介绍任务,并单独进行测试。每位儿童在正式测试前会接受一次练习测试,以熟悉实验任务。只有那些在练习测试中做出正确反应的儿童才能进入正式测试环节。成年被试也会接受相同的故事测试,但他们的测试是分组进行的。实验员讲完故事后,会要求成年被试在答题纸上指出玩偶的解释是否正确。与儿童被试一样,如果成年被试认为玩偶对故事的描述不准确,他们需要给出理由。他们被告知要独立完成测试,不允许相互讨论。成年被试的测试也是从练习测试开始的。

9.2.4 实验条件

实验设计了两个测试条件,分别探讨了量化维度中的物体数量和重量(Barner & Snedeker, 2005, 2006；Bale & Barner, 2009)。在实验条件一中,我们构建一个以重量为导向的语境。实验条件二则创造了一个以个体为导向的语境。我们在两种不同的语境下测试了两类测试句型。我们预期含有"多少＋名词"，如例句(1)的句子会表现出歧义，并且汉语儿童会根据语境的变化而改变他们对句子的解读：在重量导向的语境中，我们期望触发不可数解读；而在个体导向的语境中，则期望触发可数解读。另一方面，我们预期无论我们如何调整语境，含有量词的疑问代词"多少＋个＋名词"，如例句(2)的句子将始终只触发可数解读。表9-1总结了实验一的实验设计。

表 9-1　实 验 设 计

形态-句法因素	语境信息	
	重量导向语境	个体导向语境
多少＋名词	不可数解读	可数解读
多少＋个＋名词	可数解读	

从表9-1中可以了解到，实验设计包含了两个主要变量：形态句法（即是否使用个体量词"个"）和语境信息（即重量导向语境与个体导向语境）。实验探究这两个变量如何影响不定疑问代词短语"多少＋名词"和"多少＋个＋名词"在可数性解读上的差异。

9.2.5　实验材料

接下来，我们将探讨表一中所示的实验设计是如何在我们的实验活动中得以实施的。首先看重量导向的语境。在一个故事中，有六只动物角色吃了三种蔬菜。在这六只动物中，其中三只动物分别吃了两颗大蔬菜，吃得很饱，而另外三只动物则分别吃了两颗同类的小蔬菜，还很饿。这个故事脚本如例句(3)所示，场景图如图9-1所示。

(3) 重量导向语境下的故事。

兔子、大象、长颈鹿、马、猴子和狗去买菜。兔子、大象和长颈鹿各买了两个大蔬菜：兔子买了两个大胡萝卜，大象买了两个大南瓜，长颈鹿头了两个大卷心菜；他们把所有的大蔬菜都吃光了，而且吃得很饱。

马、猴、狗各买了两个小蔬菜:马买了两个小胡萝卜,猴子买了两个小南瓜,狗买了两个小卷心菜。他们吃了小蔬菜,但还是很饿。

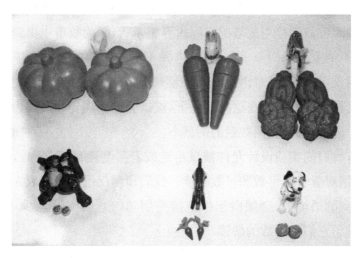

图9-1 重量导向语境

在这个设计中,六只动物被分为三对,每对动物都品尝了两个相同种类但大小不一的蔬菜。每对动物所吃的食物在重量上存在显著差异,这种重量的差异产生了重要的影响:吃大蔬菜的动物吃得非常饱,而吃小蔬菜的动物依然很饿。这样的设计突出了重量维度,因此是一个重量导向的语境。

在这样重量导向的场景下,我们分别使用三个包含"多少+名词"结构的句子和三个包含"多少+个+名词"结构的句子进行测试。下面例句(4)和(5)是其中两个例句(需要注意的是,在实际测试中,"多少+名词"和"多少+个+名词"句子是分开测试的,动物角色也会替换。为了便于说明,我们在这两个例句中使用相同的动物名称)。

(4) 小兔子吃了多少胡萝卜,小马就吃了多少胡萝卜。
(5) 小兔子吃了多少个胡萝卜,小马就吃了多少个胡萝卜。

如前所述,例句(4)存在歧义,它可以被理解为小兔子和小马吃了相同数量的胡萝卜(即可数解读)，或者理解为它们吃了相同重量的胡萝卜(即不可数解读)。在这个重量导向的语境中，如果被试能够敏锐地捕捉到语境信息，他们就会倾向于用重量维度做量化比较，从而选择不可数解读。然而，例句(4)的不可数解读与故事的实际内容相矛盾(因为故事中提到小兔子和小马吃了不同重量的胡萝卜)，因此，选择不可数解读的被试会拒绝接受例句(4)。相反，如果被试对语境信息不够敏感，他们会用数量维度做量化比较，从而选择可数解读。在这种情况下，被试会接受例句(4)，因为故事中小兔子和小马确实吃了相同数量的胡萝卜。

因此，我们的实验设计允许被试拒绝或者接受测试例句(4)，这两种反应模式分别对应于不可数和可数解读。我们预测汉语儿童和成人在这个以重量为导向的语境中，会倾向于拒绝接受例句(4)这样的"多少＋名词"结构，从而赋予它们不可数的解读。

接下来看例句(5)的解读。由于个体量词"个"的存在，这句话只允许可数解读：兔子和马吃了相同数量的胡萝卜。显然，这句话是对故事的正确描述，因为这两只动物确实吃了相同数量的胡萝卜(即两根胡萝卜)。因此，我们预测汉语儿童和成人都会接受重量导向语境下的"多少＋个＋名词"句型。

现在我们来看个体导向的语境。在一个故事中，彩虹鸟制作了两朵大花，鸭子制作了两朵小花；白鸟制作了两本大书，企鹅制作了两本小书；黑鸟制作了两只大蝴蝶，蓝鸟制作了两只小蝴蝶。由于仙女非常珍视所有的纸工艺品，因此这些工艺品的大小差异并不影响她对动物们的评价。这个故事脚本详见例句(6)，故事场景如图9-2所示。

(6) 个体语境下的故事。

仙女要过生日了。为了庆祝她的生日，她的朋友彩虹鸟、白鸟、黑鸟、鸭子、企鹅和蓝鸟商量为她准备一些礼物。他们决定做三种纸工艺品：彩虹鸟做了两朵大花，鸭子做了两朵小花；白鸟做了两本大书，企鹅做了两本小书；黑鸟做了两只大蝴蝶，蓝鸟做了两只小蝴蝶。看着这些精美的纸工艺品，仙女都很喜欢，于是她亲吻了她的每个朋友。

图9-2　个体导向语境

在这个情境中,六只动物被分为三对,每对动物制作两个种类相同但大小不同的纸制工艺品,工艺品的大小差异不影响仙女对动物朋友们的评价。另外,一个很关键的实验设计细节是,所有动物都制作了相同数量的工艺品,即两件。因此,这是一个个体导向的语境,在这个语境中,基数维度是量化比较的基准。

同样,在个体导向的语境下,我们分别使用三个包含"多少＋名词"结构的句子和三个包含"多少＋个＋名词"结构的句子进行测试。我们用例句(7)和(8)举例说明(同样,在实际测试中,"多少＋名词"和"多少＋个＋名词"句子是分开测试的,动物角色也会替换。为了便于说明,我们在这两句中使用中相同的动物名称)。

(7) 彩虹鸟做了多少花,鸭子就做了多少花。
(8) 彩虹鸟做了多少个花,鸭子就做了多少个花。

我们知道,例句(7)这样的"多少＋名词"的句子具有歧义,可以表达可数和不可数解读。在我们设计的个体导向语境中,我们预测对语境信息敏感的汉语儿童和成人会偏好可数解读,把这个句子理解成彩虹鸟和鸭子制作了相同数量的纸工艺品的花。这个可数解读符合故事情节,因为这两个小动物确实做了同样数量的纸工艺品,所以这个句子应该被当作对故事的真实描述而被接受。当然,如果被试选择用物体的大小作为量化比较的基准,他们有可能会拒绝接受这个句子,因为这两个动物做的花大小不一样。在这种情况下,被试采用的就是不可数解读。

再来看例句(8)的解读。跟上面的例句(5)一样,个体量词"个"的存在,决定了这句话只能获得可数解读,即彩虹鸟和鸭子做了同样数量的花朵。这个解读是对故事情节的正确描述,因此我们推测儿童和成人都会接受这个句子。

除了测试句外,扮演玩偶的实验员还在每个测试句的前后给出一个简单的填充句。填充句可能是对的,也可能是错的。填充句有助于掩盖实验的真实目的,并确保儿童始终跟得上实验任务。

总的来说,我们为"多少+名词"句型设计了一个以重量为导向、关于吃蔬菜的故事,以及一个以个体为导向、关于制作纸工艺品的故事。同样,我们为"多少+个+名词"句型也设计了两个故事,这两个故事在结构上与前者相似,但动物角色有所不同。因此,整个实验共包括四个故事。

我们采用了被试内设计,在两种不同的测试语境下,对被试进行了两种类型测试句子的测试。具体来说,每位被试需要完成四个故事的测试。在每种测试条件下,每种类型的测试句子共计 60 个测试项目(即 3 个测试句×20 名被试),并且填充句的数量保持一致。在测试中,被试接受和拒绝句子的数量是平衡的。他们听到两种测试句的概率也是均等的。我们分开测试"多少+名词"句型和"多少+个+名词"句型,因此被试需要经历两轮测试,两轮测试之间至少间隔半天。每一轮测试包含两个故事,一个故事是以重量为导向的语境,另一个则是以个体为导向的语境;两个故事呈现给被试的顺序也是随机均衡的。每一轮测试大约持续 15 分钟。

9.2.6 实验结果

我们首先分析被试对包含量词的"多少+个+名词"句型的反应。在重量导向语境和个体导向语境下,儿童和成人接受测试句的比例都高达 98%

或以上(见图9-3)。接受这些测试句表明,被试在量化比较时是基于基数维度,即他们在两种测试语境下都是根据物体的数量来进行比较的。因此,数据显示,儿童和成人在两种不同的语境中都赋予了"多少+个+名词"句型以可数解读,说明此类句子的解读不受语境变化的影响。这验证了我们对不定疑问代词短语"多少+个+名词"的分析。

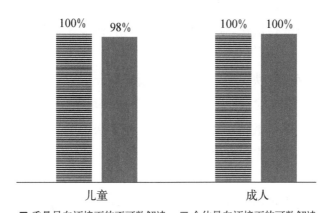

图9-3 两种语境下儿童和成人对"多少+个+名词"句型的解读

然而,汉语儿童和成人对"多少+名词"句型的解读呈现出更为复杂的结果(见图9-4)。首先来看成人的数据。在个体导向语境中,成人接受"多少+名词"句的比例为98%(59/60测试项)。这表明成人将故事情

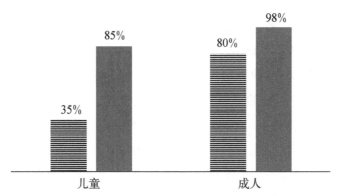

图9-4 两种语境下儿童和成人对"多少+名词"句型的解读

境中个体物体的数量进行了量化，在这种语境下给这种句型分配了可数解读。

相反，在重量导向语境中，成人拒绝"多少＋名词"句的比例为80％（48/60测试项）。他们在拒绝玩偶的陈述时指出，这两只动物吃了不同重量的食物。例如，他们拒绝例句(4)的理由是，兔子吃了大胡萝卜，而小马吃了小胡萝卜。因此，重量导向语境下的高拒绝率（80％）表明大多数成人会根据物体的重量进行量化，他们在该语境下给"多少＋名词"句分配的是不可数解读。

威尔科克森符号秩检验（Wilcoxon signed ranks test）结果显示，成人在解读"多少＋名词"句时，在重量导向语境下选择可数解读的概率明显低于在个体导向语境下可数解读的概率（20％对比98％，$z = 3.9$，$p < 0.001$）。因此，我们得出结论，成人在这两种不同的语境下对"多少＋名词"句型的反应有显著差异。

在分析汉语成年在两种测试条件下的反应时，我们注意到一个显著的现象：80％的成年被试（20个成人被试中的16名）在解读"多少＋名词"句型时，表现出了既包含可数解读也包含不可数解读的反应。具体来说，在重量导向的语境中，他们倾向于给这种句型分配不可数解读，而在个体导向的语境中，则更倾向于分配可数解读。我们将这种反应模式定义为"模式Ⅰ"：同时允准可数解读与不可数解读。

此外，有20％的成人（在20名成人被试中占4名）在两种不同测试语境下都接受了"多少＋名词"句，这表明他们对这一句型只有一种解读：即可数解读。这四位成人被试无一例外地表现出对可数解读的明显偏好，即便在重量导向的语境中，他们对这类句子的理解也未曾改变。我们将这种反应模式称为"模式Ⅱ"：始终倾向于可数名词解读。

现在我们来看儿童对"多少＋名词"句的反应。在个体导向语境下，他们接受这种测试句、分配可数解读的比例为85％。在重量导向语境中，儿童拒绝测试句、分配不可数解读的比例是35％（见图9-4）。也就是说，儿童跟成人一样，能分配可数和不可数解读给"多少＋名词"句子；但是，儿童在重量导向语境下，也偏向分配可数解读。

曼-惠特尼检验结果表明,同样在重量导向语境下,儿童将可数解读分配给"多少＋名词"句型的比例明显高于成人(儿童:65％;成人:20％;$z=2.842$,$p<0.05$)。尽管如此,在两种测试条件下,儿童对"多少＋名词"句的解读仍有明显的区别。他们在重量导向语境下给这个句型分配可数解读的比例显著低于在个体导向语境下的可数解读的比例(65％对比85％,威尔科克森符号秩检验,$z=2.0$,$p<0.05$)。此外,威尔科克森检验结果表明,儿童在重量导向语境下给"多少＋名词"句型分配可数解读的比例(65％)仍然显著低于在相同语境下给"多少＋个＋名词"句型分配可数解读的比例(100％)($z=2.646$,$p<0.01$)。

在对儿童的个体数据进行仔细观察后,我们发现儿童对"多少＋名词"结构的句子有三种不同的解读模式,这包括了前面报告的成人组中的两种模式,以及一种新的模式。具体如下:

模式Ⅰ:有20％的儿童(4/20)在重量导向语境中拒绝接受测试句,给予不可数解读,而在个体导向语境中则接受测试句,给予可数解读。这些儿童的反应模式与大多数成人的反应模式相同。

模式Ⅱ:65％的儿童(13/20)无论在重量导向语境还是个体导向语境中,都接受测试句,给予可数解读。

模式Ⅲ:15％的儿童(3/20)在两种语境下都拒绝接受测试句,给予不可数解读。这些儿童在解释拒绝理由时提到,在重量导向语境中,物体的重量不同(如兔子吃了大胡萝卜而小马吃了小胡萝卜);在个体导向语境中,物体的大小不同(如彩虹鸟做了大花而鸭子做了小花)。这种模式在成人组中未被观察到,因此我们将其称为"不可数解读模式"。

图9-5总结了三种反应模式的分布情况。比较成人组和儿童组对"多少＋名词"句型解读的个体数据,我们可以得出以下结论:大多数成人对不

同语境表现出敏感性，他们能够根据特定的语境给这个句型分配可数解读和不可数解读。相比之下，4～5岁的汉语儿童已经开始根据语境给这种句型分配可数解读和不可数解读，但他们对语境的敏感度仍然不如成人。在解读这种句型时，儿童表现出对可数解读的偏好。

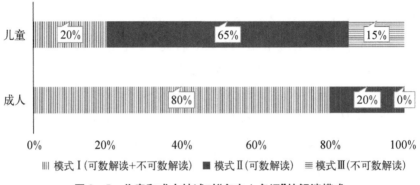

图9‑5　儿童和成人被试对"多少＋名词"的解读模式

9.3　实验总结

我们可以现在回答之前提出的两个研究问题。

第一个问题：汉语儿童在理解"多少＋名词"结构时，是否能够像成人一样，既接受可数名词的解读也接受不可数名词的解读；而在理解包含量词的"多少＋个＋名词"结构时，是否仅接受可数名词的解读。

第二个问题：汉语儿童是否理解语境的变化会影响对"多少＋名词"结构的解读，但对包含"多少＋个＋名词"结构的解读没有影响。这两个研究问题分别探讨汉语儿童在解读不定疑问代词短语时，形态句法（量词的存在与否）和语境信息各自所起的作用。

实验结果让我们能够对这两个问题都给出肯定的答案。跟成人一样，汉语儿童对"多少＋个＋名词"句型与"多少＋名词"句型的处理方式不同。他们将可数解读和不可数解读分配给"多少＋名词"句型，但他们给带量词的"多少＋个＋名词"句型仅分配可数解读。

也跟成人数据一样,语境信息只影响汉语儿童对"多少＋名词"结构的解读,语境的变化不影响他们对"多少＋个＋名词"解读的影响。具体来说,在解读"多少＋个＋名词"句型时,无论是在重量导向语境还是个体导向语境中,儿童和成人都只接受可数解读。相对地,在解读"多少＋名词"句型时,儿童跟成人一样,既接受可数解读也接受不可数解读,这些解读的变化受到语境变化的调节。

因此,通过对比汉语儿童对"多少＋名词"句型和"多少＋个＋名词"的解读差异,我们可以得出结论:汉语儿童意识到了形态句法对汉语不定疑问短语的可数性解读起决定性作用,他们对量词的存在与否引起的解读差异表现出敏感性。同时,汉语儿童对语境也有一定的敏感性,且把语境的影响作用限制在他们对"多少＋名词"句型的解读上。汉语儿童的表现符合实验预期,验证了我们对不定疑问代词短语可数性解读的理论分析。

另外,本实验结果也与本书前几章报告的汉语儿童对名词短语结构可数性的解读相一致。我们发现,不管是一般物体名词、集合名词还是有生命名词,汉语儿童对不含量词的光杆名词短语的解读会根据语境变化而分配可数或不可数解读;然而,对于包含个体量词的名词短语结构,他们仅允准可数解读。因此,无论是不定疑问代词短语结构还是名词短语结构,汉语儿童都展现这样的语法知识:形态句法(量词的存在与否)和语境信息都是影响汉语可数性的要素,但形态句法是汉语可数性的决定性因素,语境信息仅影响缺乏可数性形态标记的短语结构的可数性解读。

现在我们要讨论另外一个重要的问题,即为什么在重量导向语境下仍有少部分成人(20%)和超过半数的儿童(65%)将可数解读分配给了"多少＋名词"句。我们认为这样的实验结果仍然符合我们的预期。根据我们的理论分析,"多少＋名词"结构本身具有歧义性,既能表达可数解读也表达不可数解读。因此,分配的结果很大程度上取决于被试对特定语境的敏感程度。尽管我们试图通过重量导向语境引导不可数解读,通过个体导向语境中引导可数解读,但两种解读的比例均未达到上限。由于"多少＋名词"结构的歧义性,对某一特定解读的偏好难以完全消除。绝对准确的解读只适用于那些完全没有歧义的句子,如"多少＋个＋名词"句型。至于为什么儿童比成人展现更高比例的可数解读，我们的推测是儿童对我们设计的重量导向语境的敏感度不如成人。

9.4　小结

本章通过实验研究，探讨了汉语儿童对不定疑问代词短语"多少＋名词"和"多少＋个＋名词"的可数性解读。研究发现，儿童与成人一样，能够根据形态句法（量词的存在）和语境信息对这两种结构进行不同的解读。对于"多少＋个＋名词"结构，儿童和成人普遍赋予其可数解读，且这种解读不受语境变化的影响。而对于"多少＋名词"结构，儿童和成人则根据语境的不同，展现出可数和不可数两种解读，显示出对语境的敏感性。实验结果支持了形态句法在汉语可数性解读中的决定性作用，并表明语境信息对缺乏形态标记的短语结构的解读有影响。这些发现与前文对名词短语可数性解读的讨论相一致，进一步验证了可数性句法观。

第 10 章
汉语形容词修饰与可数性问题的
儿童语言实验研究

在前面的章节中,我们深入研究了各类名词的可数性解读。我们观察到一个普遍现象:当名词独立使用、不伴随量词时,汉语儿童和成人倾向于依据语境的变化来决定名词是可数还是不可数。但是,一旦名词与个体量词搭配使用,他们便一致地将其解读为可数,语境不再起作用。我们的一系列实验结果支持句法观而非语义观,因为句法观强调形态句法在决定名词可数性解读中的关键作用,而语义观则主张可数性是名词在词汇层面上固有的属性。

在本章中,我们将通过形容词修饰这个角度进一步探讨汉语可数性问题。我们将分析汉语名词的可数性是如何确定的——是在词汇层面上就已经确定,还是受到更高层次句法结构的影响。本章内容是在黄爱军和徐婧颖(2021)的研究成果上进行描述的。

10.1 实验背景

语言学界很早就关注到英语中形容词修饰与可数性问题的相关性(Quine,1960:104;MaCawley,1975,1979:170;Bunt,1985:第九章;Chierchia,2010:110;Schwarzschild,2011)。汉语形容词修饰与可数性问题的研究近年来也受到很多关注。汉语形容词能修饰名词("大苹果"),也可以修饰量词("一大块苹果")。目前,研究者主要讨论量词前形容词修饰所涉及的可数性问题（陆俭明，1987；Cheng & Sybesma，1999；Li，2013；Zhang，2013；Liao，2015；Luo, Hsieh & Shi，2017），只有 Zhang（2013）详细讨论了名词前形容词修饰与名词可数性问题。

Zhang（2013）提出，因为汉语名词不能直接接在数词后面，需要在数词和名词之间插入量词，所以句法上汉语名词都被归为非可数类别。但是，她用［±可定界性］（［±Delimitable]）的语义特征定义两种不同的名词类别：［＋可定界性］名词和［－可定界性］名词。［＋可定界性］名词指称具有原子性（atomicity）和固定的边界，能被表示大小、形状、边界的形容词修饰。相反，［－可定界性］名词指称却没有内在的边界性，没有固定的边界或大小形状。按照这个语义标准，"苹果"被归为［＋可定界性］名词，可以被形容词"大"修饰，且指代大的苹果个体，而"水"被归为［－可定界性］名词，不能被"大"修饰。我们认为，Zhang（2013）在词汇层面将汉语名词划分为［＋可定界性］名词和［－可定界性］名词，它们本质上大致对应于传统的"可数名词"和"不可数名词"。我们把 Zhang（2013）的理论叫作名词决定论。

本文提供另一种不同观点。我们认为从词汇意义本身看，名词本身不具有固定的可数性解读。名词与表示大小和形状的形容词连用时，形容词决定名词的可数性。这是因为表示大小和形状的形容词的功能类似可数语法范畴（如英语中的复数标记-s 和可数限定词 many、汉语中的个体量词），具有个体化功能（Borer，2005；Huang，2009），使名词表现出可数性解读。我们把这种观点叫作形容词决定论。

具体来说，我们认为，因为同一个名词指称可以有不同的维度（包括数量、重量、空间、功能等）（Luo, Hsieh & Shi，2016；Rothstein，2017），可数用法与不可数用法对应于名词指称的不同维度，由形态句法和语境选择名词指称的维度。举例说明，句子"桌上有苹果"中的"苹果"有多种解读，不同的解读对应苹果不同的维度。当语境选择数量维度时，"苹果"指称苹果个体，表现出可数解读。"苹果"也可以指苹果块、苹果泥，甚至苹果汁等非个体（Huang，2009；Huang & Lee，2009），这些不可数解读均对应非数量维度，包括重量和物质等（Bale & Barner，2009）。

除了语境,我们还可以利用形态句法来选择名词指称维度。量词是一种重要的确定维度的形态句法手段。比如,个体量词"个"选定词组"两个苹果"的指称的数量维度。在这种情况下其他维度信息不明,也就是说这个词组可以指称两个大苹果,也可指两个小苹果。相比较,"两斤苹果"选定的是苹果的重量维度,其他维度信息不明,所以这个词组指称的可能是一个两斤的大苹果,也可以是四个合起来两斤重的小苹果。

表示大小和形状的形容词的作用跟上述个体量词的功能类似。当这类形容词与名词连用时,倾向于选择名词指称的数量维度,相关名词需要指称个体。因此,在成人语法中,"大苹果"一般指称大的苹果个体,不能指称苹果块等非个体。从这个意义上来说,我们认为表示大小和形状的形容词具有个体化功能。这种个体化功能要求被修饰的名词具有数量维度,这个语义功能就决定了这类形容词不能修饰"水"这样的物质名词,因为这些名词指称没有相应的数量维度。

另外,在汉语中,当指称部分物体或者物质的大小和形状时,需要用形容词修饰非个体量词(Luo, Hsieh & Shi, 2017),而不能用形容词直接修饰名词。例如,我们用"一大块萝卜"这样的"形容词-量词-名词"结构(以下简称"形-量-名"结构)、而不是"一块大萝卜"这样的"量词-形容词-名词"结构(以下简称"量-形-名"结构)修饰一个大的萝卜块。同样,我们用"一大杯水",而不是"一杯大水"指称一杯水的量。

从上文中我们看到,名词前修饰与"形-量-名"的量词前修饰大致呈互补分布:"形-量-名"结构(如"一大块萝卜"和"一大杯水")指称部分物体的大小和物质名词的量,形容词-名词结构(如"大萝卜")指称整体个体的大小。因为这些互补现象,我们认为"形-量-名"结构的习得可能会帮助汉语儿童意识到这两种结构有不同的分工,从而促进形容词的个体化功能的习得。

综上所述,表示大小和形状的形容词修饰名词时受到一些分布与解读方面的限制,Zhang(2013)的名词决定论和我们提出的形容词决定论对此提出了不同的理论解释。为了辨析这两个理论观点的合理性,我们开展了两个儿童语言实验,探究 5～8 岁的汉语儿童如何习得名词前修饰(实验一)

和量词前修饰(实验二)两类结构。我们会看到,形容词决定论比名词决定论更能合理地解释儿童语言数据。我们的实验数据也显示形容词的个体化功能习得跟量词前修饰结构的习得密切相关,儿童需要经历漫长且复杂的习得过程。

10.2 实验一：名词前形容词修饰

实验一探讨名词前形容词修饰问题,即汉语儿童如何理解形容词"大"和"小"分别修饰指称部分物体和物质的两类名词,实验结果将帮助我们辨析名词决定论和形容词决定论。

10.2.1 被试

实验对象为80名5~8岁的汉语普通话儿童,分为4个年龄组：5岁组($M=5$岁4个月)、6岁组($M=6$岁5个月)、7岁组($M=7$岁9个月)、8岁组($M=8$岁9个月)。每组20人,男女各半。同时还测试了20名汉语普通话成人作为对照组。

10.2.2 实验方法、测试条件和实验材料

实验在故事情景中让被试对测试句做语法判断。每位被试单独接受测试,测试由一名实验者用玩具演练故事,另一名实验者扮演小动物(大熊猫)和被试一起看故事。故事讲完后,大熊猫就用句子(测试句或者填充句)描述故事大意,然后由被试判断句子是否正确。

表10-1举例说明实验一的设计概要。如图所示,实验包含两个测试条件,对应两个不同的语境：部分物体语境和物质语境。部分物体语境是把一个完整的物体(如萝卜)分成大小不一的两块,物质语境呈现的是两杯不同容量的液体(如水)。另外,实验还设计了一个控制条件,呈现的是两个大小不同的整体物体。每个测试句都包含两个小句,分别用形容词"大"和"小"修饰名词。

表 10-1　实验一设计概要

测试条件	条件一：部分物体语境	条件二：物质语境	控制条件：完整物体语境
测试场景图示			
测试句	兔宝宝吃了小萝卜，兔妈妈吃了大萝卜。	兔宝宝喝了小水，兔妈妈喝了大水。	兔宝宝吃了大萝卜，兔妈妈吃了小萝卜。

　　下面用测试条件一举例说明实验过程，测试条件二和控制条件以同样的方式开展。首先，实验者Ⅰ用玩具演练下面一段故事：

　　　　兔宝宝和兔妈妈一起吃胡萝卜，兔妈妈把胡萝卜切开了，她吃了右边的，兔宝宝吃了左边的。（见表 10-1 中条件一的场景图片）

　　故事讲完后，扮演熊猫的实验者Ⅱ说出测试句：

　　　　兔宝宝吃了小萝卜，兔妈妈吃了大萝卜。

　　然后，实验者Ⅰ让被试判断熊猫的句子是否正确，如果错误则需要说明错误原因。

　　实验操作有一个要点，即实验者Ⅰ在讲述故事时要避免使用形容词"大"和"小"，而是借助手势和方位（左和右）来做介绍。

　　每名被试听三个故事，每个故事包含两个测试条件和一个控制条件。在这三个故事中，测试条件一（部分物体语境）测试的名词有"胡萝卜""草莓"和"青菜"，测试条件二（物质语境）测试的名词有"水""果汁""牛奶"，控制条件测试的名词有"萝卜""苹果"和"面包"。这样，每个条件共有 300 个测试项（3 个故事×20 名被试×5 个年龄组）。被试在听到测试句的前后还会听到两个简单句作为填充句。

在正式测试之前，实验还安排了热身测试和预测试，其形式与正式测试相同，目的是让被试熟悉测试流程。成人测试的方法和材料与儿童测试相同。每位被试的测试时间约为 15 分钟，全程录音。

10.2.3　结果与分析

首先看控制条件下的数据。所有儿童都像成人那样，在该语境下正确地拒绝测试句。他们给出的错误理由均为"兔妈妈吃的是大（的）萝卜，兔宝宝吃的是小（的）萝卜"。这说明儿童和成人都允许形容词"大"和"小"修饰指称完整物体的名词，并且意识到测试句是对故事内容的错误描述。

再看两个测试条件下的数据（见表 10‐2）。

表 10‐2　实验一各组被试接受测试句的百分比

被试组别	条件一：部分物体语境	条件二：物质语境
5 岁组	98.3％（59/60）	100％（60/60）
6 岁组	98.3％（59/60）	100％（60/60）
7 岁组	97％（58/60）	95％（57/60）
8 岁组	65％（39/60）	80％（48/60）
成人组	56.7％（34/60）	26.7％（16/60）

在部分物体语境中，汉语成人对形容词"大"和"小"修饰指称部分物体的名词的接受度为 56.7％。与成人组不同，5～7 岁的儿童几乎全部接受测试句，允许形容词修饰指称部分物体的名词。但是，8 岁组儿童对测试句的接受度明显减少，降为 65％。成人组和 8 岁组儿童拒绝测试句时，给出的理由是"兔妈妈吃的是大块（的）萝卜，兔宝宝吃的是小块（的）萝卜"，或者是"兔妈妈吃的是萝卜的一大块，兔宝宝吃的是萝卜的一小块"。从他们拒绝的理由可以看出，他们不接受形容词直接修饰指称部分物体的名词结构。

克‐瓦式（Kruskal-Wallis）检验结果显示，被试年龄对于测试句的接受度存在显著效应 $[H(4)=23.800, p=0.000]$。组间比较结果显示，5～7

岁儿童的表现与成人均存在显著差异（5 岁组对比成人组：$z=3.582$，$p=0.004$；6 岁组对比成人组：$z=3.582$，$p=0.004$；7 岁组对比成人组：$z=3.554$，$p=0.004$）；8 岁组儿童的表现和成人无显著差异（$z=0.974$，$p=1.000$）。这些统计数据表明，汉语儿童直到 8 岁才跟汉语成人一样，不接受形容词"大"和"小"修饰指称部分物体名词。

在物质语境中，成人不接受用"大水"指称物质，接受度只有 26.7%。但是，5～7 岁儿童对测试句的接受度却为 95% 至 100%，8 岁组儿童的接受度下降至 80%。被试在拒绝测试句时，给出的理由有"兔宝宝喝了一小杯水，兔妈妈喝了一大杯水"，或者"兔宝宝喝了小杯的水，兔妈妈喝了大杯的水"，还有的被试直接指出"'大/小水'的说法不恰当"。这些陈述表明，这些被试不允许形容词直接修饰物质名词。

克-瓦式检验显示，被试年龄对于测试句的接受度存在显著效应 $[H(4)=53.654，p=0.000]$。组间比较结果显示，4 个儿童组和成人组之间均存在显著差异（5 岁组对比成人组：$z=6.101$，$p=0.000$；6 岁组对比成人组：$z=6.101$，$p=0.000$；7 岁组对比成人组：$z=5.705$，$p=0.000$；8 岁组对比成人组：$z=4.515$，$p=0.000$）。这些统计数据表明，汉语儿童对"大水"这样的形容词-名词结构的接受度很高，连 8 岁儿童都还没有表现出跟成人一致的用法。

10.2.4 讨论与小结

实验一测试了汉语儿童和成人对名词前形容词修饰的使用情况。实验结果显示，在部分物体语境下，5～7 岁的儿童允许形容词修饰指称部分物体的名词，他们一直到 8 岁才习得成人用法。在物质语境下，所有儿童组均接受形容词修饰指称物质的名词，即便是 8 岁组儿童的表现仍与成人存在显著差异。总体来看，早期汉语儿童对形容词-名词结构的分布和解读并无严格的限制条件，他们允许形容词修饰指称部分物体和物质的名词。

以上汉语儿童的数据符合我们提出的形容词决定论的预期。我们的形容词决定论认为表示大小和形状的形容词具有个体化功能，而个体化功能往往需要一个很长的周期才能被汉语儿童习得。现有文献（Huang，2009；

Huang & Lee, 2009；Huang，Ursini & Meroni, 2021)显示,汉语儿童直到
七岁才习得个体量词的个体化功能。在习得量词的个体化功能之前,他们
允许用个体量词-名词结构指称部分物体(如用"桌上有个苹果"指称苹果
块)或者物质(如用"地上有个水"指称地上的一摊水)。同样的分析也适用
于我们的实验一数据。我们认为,早期汉语儿童之所以允许用表示大小的
形容词修饰指称部分物体和物质的名词,是因为他们还没有习得形容词的
个体化功能,也就是说他们认为被修饰的名词指称只需是离散物体,不一定
是完整个体。这样,我们的形容词决定论很好地解释了为什么早期汉语儿
童会允许"大"和"小"修饰指称部分物体和物质的名词。

相反,名词决定论会认为"胡萝卜"属于[＋可定界性]名词,这类词只能
指称完整个体的名词,不能指称部分物体;而"水"属于[－可定界性]名词,
不能被形容词"大"和"小"修饰。因为名词决定论会认为这些分布和解读方
面的限制都是由名词本身的语义特征所决定的,因此这个观点会预测儿童
很早就能习得,汉语成人和儿童在这两个实验条件下不会有实质的区别。
这样的预期显然与我们的实验数据不一致。

还有一个要考虑的问题是:为什么有超过一半的成人接受形容词修饰
指称部分物体的名词? 同样,我们的形容词决定论可以提供一个比较合理
的解释,即表示大小的形容词的个体化功能还没有完全语法化,不像个体量
词的个体化功能那样语法化程度高,所以成人在一定程度上接受表示大小
的形容词指称部分物体。Zhang(2013)的名词决定论则很难解释这个现
象,因为这个理论把"萝卜"这样的名词定义为[＋可定界性]名词,作为这类
名词的核心词汇意义,这类词只能指称个体,不能指称部分物体。

综上所述,形容词决定论比名词决定论更能合理地解释我们的实验
数据。

10.3 实验二：量词前形容词修饰

根据实验一的数据结果,我们认为表示大小的形容词的个体化功能习得
滞后。前文提到,名词前的形容词修饰与量词前的形容词修饰具有不同的分

工,这两种结构呈互补分布。基于这个观察,实验二检测量词前形容词修饰的习得,探讨量词前修饰结构的习得是否能促进儿童习得形容词的个体化功能。

10.3.1　被试

实验采用了组内设计,即实验二的被试与实验一相同,由 80 名 5 至 8 岁的汉语普通话儿童和 20 名汉语普通话成人组成。

10.3.2　实验方法、测试条件和实验材料

实验二采取了跟实验一不同的实验方法,一名实验者利用玩具演练故事,另一名实验者同时操控两个玩偶(大熊猫和小兔子),利用这两个玩偶的身份呈现"形-量-名"结构和"量-形-名"结构两种不同类型的测试句。

与实验一一样,实验二包含两个测试条件,对应两个不同的测试语境:部分物体语境和物质语境。每种测试语境包含两个测试结构:"形-量-名"结构和"量-形-名"结构。实验设计概要如表 10-3 所示。

表 10-3　实验二设计概要

测试条件	条件一:部分物体语境	条件二:物质语境
测试场景图示		
两种测试句	"形容词-量词-名词"结构 对比"量词-形容词-名词"结构 唐老鸭吃了一小块香蕉。 唐老鸭吃了一块小香蕉。 米妮吃了一大块香蕉。 米妮吃了一块大香蕉。	"形容词-量词-名词"结构 对比"量词-形容词-名词"结构 唐老鸭喝了一小杯水。 唐老鸭喝了一杯小水。 米妮喝了一大杯水。 米妮喝了一杯大水。

我们以部分物体语境举例,说明实验流程。物质语境的实验流程跟部分物体语境一致。首先,实验者Ⅰ用玩具演练下面的故事情节:

　　唐老鸭和米妮一起吃香蕉，他把香蕉切开了，给米妮吃了左边的，自己吃了右边的。（见表 10－3 中条件一中的场景图片）

　　与实验一一样，实验者需要避免说出形容词"大"和"小"，而用手势和方位词"左"和"右"做介绍。然后，实验者Ⅱ手拿玩偶扮演小兔子和大熊猫，它们先分别说出下面两组关于唐老鸭的句子。

　　　　小兔子说："唐老鸭吃了一小块香蕉。"　　　（形-量-名）
　　　　大熊猫说："唐老鸭吃了一块小香蕉。"　　　（量-形-名）

　　小兔子和大熊猫说出的句子分别对应于"形-量-名"结构和"量-形-名"结构。实验者Ⅰ让被试判断两个小玩偶说的句子是否正确，给说得正确的小玩偶奖励吃草莓，否则罚吃辣椒，并说明错误的原因。此外，如果两个小玩偶都说得对，就都奖励吃草莓；如果两个小玩偶都说得不对，就都要被罚吃辣椒。

　　接着，小兔子和大熊猫继续说出他们对米妮的描述。

　　　　小兔子说："米妮吃了一大块香蕉。"　　　（形-量-名）
　　　　大熊猫说："米妮吃了一块大香蕉。"　　　（量-形-名）

按照上述的三个判断类别，实验者Ⅰ让被试判断两个小玩偶说的句子。

　　每名被试听三个故事，每个故事包含两个测试条件。在这三个故事中，测试条件一（部分物体语境）测试的名词有"香蕉""面包"和"菠萝"，测试条件二（物质语境）测试的名词有"水""果汁""牛奶"。每个名词都被用在"形-量-名"结构和"量-形-名"结构中。每个测试条件下每个年龄组有 120 组测试项（"大"和"小"2 个句式 × 3 个故事 × 20 名被试）。两个测试条件和两个测试句型的先后呈现顺序是任意选择的。

　　测试成人的方法与儿童相同。实验二分为热身测试、预测试和正式测试三个阶段。测试时间约为 15 分钟，全程录音。

10.3.3　结果和分析

按照我们实验的设计,逻辑上,被试可能有四种不同的判断:偏好"形-量-名",偏好"量-形-名",认为"形-量-名"和"量-形-名"都正确,认为"形-量-名"和"量-形-名"都不正确。实际结果显示,被试只呈现了前三种判断模式。我们计算这三种判断的百分比(每种判断的次数/120),用于考察汉语儿童和成人如何使用"形-量-名"和"量-形-名"这两种结构。

先看部分物体语境下的数据。图 10-1 显示,在部分物体语境下,成人组明显偏好"形-量-名"结构(84%),也就是说成人明显偏向使用"一小块香蕉"指称小的块状香蕉。但少量被试认为"形-量-名"和"量-形-名"两种结构都可以接受(16%),这些被试认为"一小块香蕉"和"一块小香蕉"都可以用来指称小的块状香蕉。

儿童数据显示,汉语儿童对"形-量-名"和"量-形-名"结构的偏好呈现一个动态发展变化过程。一开始汉语儿童对两种结构无明显偏好,随着年龄的增长,偏好"形-量-名"结构的比例逐渐增加,逐步接近成人用法。具体来说,5 岁儿童绝大多数对两种结构无偏好(86%),6 岁和 7 岁儿童无偏好的比例分别降到 44% 和 15%,8 岁组儿童无偏好的比例接近零。对"形-量-名"结构的偏好在 5 岁组儿童中只有 11%,6 岁组、7 岁组和 8 岁组对"形-量-名"结构的偏好分别增加到 39%、73% 和 88%。只偏好"量-形-名"结构的比例在各年龄组中都低于 20%(见图 10-1)。

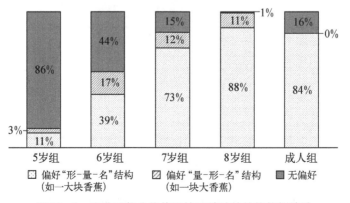

图 10-1　实验二部分物体语境下被试的结构偏好统计

克-瓦式检验结果显示,被试年龄对于对"形-量-名"结构的偏好度存在显著效应[$H(4)=51.880$, $p=0.000$]。组间比较结果显示,5岁组和6岁组儿童对"形-量-名"结构的偏好度和成人组相比有显著差异(5岁组对比成人组:$z=-5.088$, $p=0.000$;6岁组对比成人组:$z=-3.565$, $p=0.000$)。7岁组和8岁组儿童对"形-量-名"结构的偏好度与成人组之间不存在显著差异(7岁组对比成人组:$z=-1.042$, $p=1.000$;8岁组对比成人组:$z=0.113$, $p=1.000$)。统计结果表明,在部分物体语境下,汉语儿童7岁时跟汉语成人一样,偏好"形-量-名"结构。也就是说,他们会偏向使用"一大块香蕉"这样的"形-量-名"结构去指称大块状的香蕉,而7岁以前他们允许使用"一大块香蕉"和"一块大香蕉"两种结构指称大块状的香蕉。

物质语境下的数据与部分物体语境下的数据相似。如图10-2所示,在物质语境下,成人组被试几乎全部偏好"形-量-名"结构(99％)。在这个语境下,儿童对两种结构的偏好也呈现出一个动态发展的变化过程。一开始儿童无明显偏好,随着年龄的增长,偏好"形-量-名"结构的比例逐渐增加,逐步接近成人用法。具体来说,5岁组的儿童绝大多数无偏好(87％),随着年龄的增长,无偏好的比例逐步降低(6岁组:50％;7岁组:15％;8岁组:0),偏好"形-量-名"结构的比例逐渐增加(5岁组:8％;6岁组:40％;7岁组:81％;8岁组:76％)。只偏好"量-形-名"结构(如"一杯大水")的比例在各年龄组中低于10％(见图10-2)。

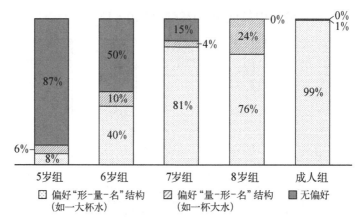

图10-2 实验二物质语境下各组被试的结构偏好统计

克-瓦式检验结果显示,被试年龄对于"形-量-名"结构的偏好度存在显著效应[$H(4)=51.880$, $p=0.000$]。组间比较结果显示,5 岁组和 6 岁组儿童对"形-量-名"结构的偏好度与成人组之间存在显著差异(5 岁组对比成人组:$z=-6.346$, $p=0.000$;6 岁组对比成人组:$z=-4.327$, $p=0.000$)。但是,7 岁组和 8 岁组儿童对"形-量-名"结构的偏好度与成人组之间无显著差异(7 岁组对比成人组:$z=-1.587$, $p=1.000$;8 岁组对比成人组:$z=-1.483$, $p=1.000$)。根据这些统计结果,我们认定在我们设计的物质语境下,汉语儿童七岁时跟汉语成人一样,偏向使用"形-量-名"结构。也就是说,他们会偏向使用"一大杯水"这样的"形-量-名"结构指称大杯的水,而七岁以前他们允许使用"一大杯水"和"一杯大水"两种结构指称大杯的水。

综合来看实验二汉语儿童和成人对"形-量-名"结构和"量-形-名"结构的偏好,不管是在物质语境还是在部分物体语境下,汉语儿童 7 岁前都对这两种结构无明显偏好。而随着年龄的增长,儿童逐渐浮现出对"形-量-名"结构的偏好,直到 7 岁,儿童才对"形-量-名"结构的偏好度与成人无异。

10.4　两个实验的综合分析

这一节我们综合讨论实验一和实验二。横向比较每名被试在这两个实验中的个体表现,我们发现三种不同的行为模式。这三种行为模式概括如下:

行为模式一:允许形容词修饰指称部分物体和物质的名词(实验一);
　　　　　　对"形-量-名"和"量-形-名"结构无偏好(实验二)。
行为模式二:允许形容词修饰指称部分物体和物质的名词(实验一);
　　　　　　偏好"形-量-名"结构(实验二)。
行为模式三:不允许形容词修饰指称部分物体和物质的名词(实验一);
　　　　　　偏好"形-量-名"结构(实验二)。

统计这三种行为模式在每组被试中的比例（见表10-4），我们发现行为模式一的人数随着年龄的增长呈现出逐渐下降的趋势（5岁组：90％；6岁组：40％；7岁组：10％；8岁组：0％；成人：0％），模式二的人数经历了从上升到下降过程（5岁组：10％；6岁组：40％；7岁组：70％；8岁组：50％；成人：15％），模式三的人数则呈现出逐渐上升的趋势（5岁组，6岁组，7岁组：0％；8岁组：20％；成人：45％）。

表10-4　三种行为模式的人数百分比

被试组别	模式一	模式二	模式三
5岁组	90％(18/20)	10％(2/10)	0
6岁组	40％(8/20)	40％(8/20)	0
7岁组	10％(3/20)	70％(14/20)	0
8岁组	0	50％(10/20)	20％(4/20)
成人组	0	15％(3/20)	45％(9/20)

我们认为，这三种行为模式分别对应于儿童习得形容词个体化功能的三个不同阶段：第一阶段，儿童尚未习得形容词的个体化功能，因而允许形容词直接修饰指称部分物体和物质的名词，且不区分"形-量-名"和"量-形-名"结构；在第二阶段，儿童意识到名词前修饰和量词前修饰的不同分工，需要用形容词修饰量词表示部分物体或者物质的大小形状，因此对"形-量-名"结构产生了偏好。但是，这个阶段的儿童尚未习得形容词的个体化功能，所以依然允许形容词直接修饰指称部分物体和物质的名词。到了第三阶段，儿童完全习得形容词的个体化功能，不再接受形容词直接修饰指称部分物体和物质的名词。

这三个阶段组成了儿童习得形容词个体化功能所经历的初始阶段、过渡阶段、到最终获得成人语法的阶段。这三个习得阶段让我们看到，汉语儿童可以通过"形-量-名"结构的学习习得形容词的个体化功能，这是一个复杂的习得过程。

10.5　小结

本章研究与汉语形容词修饰相关的可数性问题,基于形容词个体化功能这个新概念,本文提出形容词决定论的观点。我们用儿童语言实验数据论证我们的形容词决定论比 Zhang(2013)的名词决定论更具有合理性。我们的实验数据还显示,形容词个体化功能的习得过程跟量词习得紧密相关,需要经历一个漫长的习得周期。

第 11 章
总　论

可数与不可数问题不仅关乎人类语言、认知与现实世界之间的内在联系，还涉及人类语言内部的共性与个性问题。儿童语言的习得过程能动态地展现人类语言知识的变化与发展，揭示人类语言的本质特征及语言共性，因此儿童语言研究已成为语言学界一项重要的实证研究手段。本书正是从汉语儿童语言习得的视角出发，深入探索汉语可数性的相关理论问题。

本书的研究分为理论探索和儿童语言的实证研究两大模块，分别总结如下。

11.1　本书的理论要点总结

我们首先回顾了汉语可数性的语义观和句法观这两种截然不同的观点。语义观认为汉语名词的可数性是在词项的层面上决定的。持语义观的学者根据汉语名词的分布或名词指称的本体特征将汉语名词分为可数名词和不可数名词（Chao，1968；Doetjes，1997；Cheng & Sybesma，1998，1999，2005；Cheng，Doetjes & Sybesma，2008；司马翎，2007；Cheng，2012；Liu，2014）。

持句法观的学者认为，汉语名词本身并无固定的可数性，可数与不可数的解读应基于比名词词汇更大的短语结构（Allan，1980；Borer，2005；Pelletier，2012）。汉语量词属于名词之外的功能范畴，能决定汉语名词的可数性（Cheng & Sybesma，1999；Borer，2005；Zhang，2013）。从跨语言视角来看,汉语量词标记可数性的功能与其他语言中的一些形态句法手段（如限定词、数量词和复数形态等)相似(Borer,2005；Piriyawiboon,2010；Rothstein,2010；Mathieu,2012；Cowper & Hall,2012；Pelletier,2012)。

　　我们认同汉语可数性的句法观,尤其是 Pelletier(2012)所阐述的句法观。首先,在缺乏形态句法标注时,光杆名词的解读存在歧义,既可允许可数解读,也可允许不可数解读。其次,量词是汉语中确定可数与不可数解读的关键形态句法标记。我们通过对名词短语、不定疑问代词短语和量化词短语这三种短语结构的可数性分析,展示了它们在可数性解读方面的共性。

11.2　本书的儿童语言研究要点总结

　　我们的理论分析在儿童语言实证研究中得到了充分验证。在研究中,我们对包括集合名词、有生命名词以及一般名词在内的不同种类的汉语名词可数性进行了实验探究。结果显示,即使是过去普遍认为仅具有可数解读的集合名词和有生命名词,在合适的语境下汉语儿童和成人都能够对其进行不可数解读。而对于以上任何类型的名词结构,一旦与个体量词搭配使用,便仅呈现可数解读。此外,这种解读模式同样体现在汉语儿童对不定疑问代词短语结构中名词的解读上。因此,我们的理论分析在汉语儿童和成人对不同结构中名词的解读中反复得到了印证。这些实验结果有力地表明,量词是决定名词可数性的关键因素,名词本身并无固定的可数性解读。

　　接下来我们总结本书的儿童语言实验要点。

11.3　本书儿童语言实验的要点回顾

11.3.1　一般物体名词可数性的儿童语言实验

　　在第 4 章,我们汇报了汉语儿童和成人对一般物体名词可数性的解读情况。实验中,我们深入探究了汉语一般物体名词可数性的数量维度和个体化维度。我们考察了汉语儿童在三种不同语言结构下(光杆名词、量词-名词、数词-量词-名词)对一般物体名词可数性的解读方式。我们选取了 4

个个体量词,包括通用量词"个"以及专用量词"只""条"和"张"。研究发现,三岁儿童与成人一样,认为光杆名词的数值是非指定的,可以指称单个或者多个,而量词-名词结构的默认量化值是单个。这些实验数据表明,三岁汉语儿童已经掌握了汉语一般物体名词可数性的数量维度。

然而,我们发现汉语一般物体名词可数性的个体化维度的习得要晚于其数量维度的习得。四岁儿童在光杆名词结构和含有个体量词的结构中,对部分物体场景的接受度都很高,这表明他们尚未完全掌握个体量词对名词个体化的限制作用,对名词的个体化维度的理解还在发展中。他们未能显示出对这两种结构中部分物体情境的区分能力,对不同名词类型的部分物体情景的接受度也存在显著差异。

但是,五岁儿童则表现出对不同语言结构的敏感性,能够像成人一样区分光杆名词结构和个体量词结构。他们对光杆名词结构中部分物体情境的接受度显著高于个体量词结构的接受度。这表明五岁儿童开始学习个体量词的语义限制,并逐渐区分光杆名词结构和含有量词结构中名词的个体化解读。因此,汉语儿童对一般物体名词可数性的个体化维度的习得是一个逐步发展的过程。

11.3.2 集合名词可数性的儿童语言实验

在第 6 章,我们探讨了 4～6 岁汉语儿童和成人对汉语集合名词(如"家具""工具"和"餐具")的解读。现有的语义观认为,汉语儿童和成人对汉语集合名词只赋予可数解读(Liu, 2014；Lin & Schaeffer, 2018)。我们改进了实验方法,采用了基于真值判断法(Truth Value Judgment Task, Crain & Thornton, 1998)的数量判断法,并设置了个体导向和非个体导向两种不同语境,以比较汉语儿童和成人在不同语境下对光杆集合名词及与量词连用的集合名词的解读。

实验结果显示,汉语儿童和成人在解读光杆集合名词时,会根据语境赋予其可数或不可数的解读。在非个体导向的语境中,他们倾向于将光杆集合名词解读为不可数;而在个体导向的语境中,则倾向于将其解读为可数。然而,当集合名词与个体量词连用时,他们仅赋予其可数解读,且这一解读不受语境变化的影响。这表明,虽然语境对汉语集合名词的解读有一定影响,但形态句法因素(即量词的存在与否)起着决定性作用。

此外,实验还发现,无论实验中是否包含"万能研磨机"的场景(Pelletier,1975),都不会影响汉语儿童和成人对集合名词的不可数解读比例。这一结果说明,汉语集合名词的不可数解读是其固有的词汇意义,而非通过语用强制得来的转换意义。我们的实验结果有力地支持了我们对汉语集合名词句法观的分析。

11.3.3　有生命名词可数性的儿童语言实验

在第 8 章,我们探究了 4～6 岁汉语儿童和成人对汉语有生命名词(如"狗""牛""羊")的可数性解读。同样,语义观认为汉语有生命名词没有不可数解读,只有可数解读(Cheng,Doetjes & Sybesma,2008)。此外,有生命名词的解读还涉及 Pelletier(1975)提出的思想实验"万能研磨机"。

我们采用真值判断法(Crain & Thornton,1998)来测试汉语儿童和成人对有生命名词的解读。我们考察了语境和形态句法(量词的存在与否)如何影响汉语有生命名词的解读。

实验结果揭示,汉语儿童和成人都在个体导向语境和非个体导向语境中分别赋予可数解读和不可数解读给光杆有生命名词。然而,当个体量词与有生命名词结合使用时,他们只赋予可数解读给有生命名词,语境的变化不影响他们对集合名词的解读。因此,我们的实验再次说明,汉语名词的解读受到语境和形态句法(量词的存在与否)两方面因素的影响,但形态句法起决定性作用。我们也用实验结果验证了汉语有生命名词的不可数解读不需要借助"万能研磨机"的作用,是名词本身所具有的词汇含义。我们的实验结果同样为汉语集合名词的句法观提供了有力的实证证据。

11.3.4　不定疑问代词词短语可数性的儿童语言实验

在第 9 章,我们调查了汉语不定疑问代词短语中的可数性问题。同样,我们检测形态句法(量词的存在与否)和语境如何影响不定疑问代词短语的可数性解读。我们用真值判断法开展两个实验,测试了 4～6 岁汉语儿童对不定疑问代词"多少"(例如，"小狗吃了多少梨，小猫就吃了多少梨")和"多少个"("小狗吃了多少个梨，小猫就吃了多少个梨")的可数性解读。

实验结果显示，不定疑问代词短语中名词的可数性解读主要由量词而非名词本身决定。具体而言，儿童和成人对包含"多少"和"多少个"的句子有不同的处理方式。对于"多少＋名词"的句子，汉语儿童也会像成人一样根据语境的不同，赋予其可数或不可数的解读：在非个体(重量)导向的语境中，倾向于不可数解读；在个体导向的语境中，则倾向于可数解读。而对于"多少＋个＋名词"的句子，他们则一致赋予可数解读。这表明，在不定疑问代词短语中，名词本身并无固定的可数性，其解读随语境变化；量词的出现则使名词的解读固定为与量词种类相关的特定解读。

综上所述，我们的实验数据表明，在不定疑问代词短语结构中，汉语儿童在解读"多少＋名词"时的表现与成人相似，既允许可数解读又允许不可数解读。因此，我们关于名词短语结构和不定疑问代词结构中可数性解读的实验结果是相互印证的。

11.3.5　汉语形容词修饰与可数性问题的儿童语言实验研究

在第 10 章，我们进行了汉语形容词修饰与可数性问题的儿童语言实验研究。对于这个研究问题，也存在语义观和句法观的辨析。Zhang(2013)从词汇层面将汉语名词分为[＋可定界性]名词和[－可定界性]名词，本质上分别对应传统的可数名词和不可数名词。[＋可定界性]名词有固定边界，可被表示大小、形状、边界的形容词修饰；[－可定界性]名词指称无固定边界。我们称此理论为"名词决定论"，属语义观。

我们主张，当描述大小和形状的形容词与名词搭配使用时，可明确名词指称的维度，进而确定名词的可数解读。因此，我们认为此类形容词的作用类似于个体量词，具备个体化功能，我们的这一观点体现了句法观。

我们的实验结果支持了我们的句法观。我们进行了两个实验。实验一探讨了名词前形容词修饰问题，即 5～8 岁的汉语儿童如何理解形容词"大"和"小"修饰两类名词结构：一类是指称具有固定形状的物体(如"萝卜")，另一类是指称没有固定形状的液体(如"水")。我们发现，在部分物体语境下,5～7 岁的儿童倾向于允许形容词修饰指称部分物体的名词(如用"大萝卜"指称一大块萝卜),他们一直到 8 岁才习得成人的用法。在物质语境下,所有儿童组均接受形容词修饰指称物质的名词(如"大水"),即便是八岁组儿童的表现仍与成人存在显著差异。我们认为,早期汉语儿童对所测试的形容词-名词结构的分布和解读并无严格的限制条件,他们尚未习得所测形容词的个体化功能,因此允许形容词修饰指称部分物体和物质的名词。

实验二检测了量词前形容词修饰的习得情况,探讨这种结构的习得是否促进汉语儿童掌握形容词的个体化功能。结果显示,我们发现不管是在物质语境还是在部分物体语境下,7 岁前的儿童对"形-量-名"结构(如"一大块萝卜")和"量-形-名"结构(如"一块大萝卜")无明显偏好。随着年龄增长,儿童逐渐偏好"形-量-名"结构,至七岁时与成人无异。据此,我们认为儿童习得形容词个体化功能分为三个阶段:第一阶段,儿童未习得个体化功能,不区分两种结构,允许形容词直接修饰指称部分物体的名词和物质名词;第二阶段,儿童开始区分结构分工,偏好"形-量-名"结构,但仍未完全习得个体化功能;第三阶段,儿童完全掌握个体化功能,不再接受形容词直接修饰指称部分物体的名词和物质名词。这表明汉语儿童需经历漫长过程,通过学习"形-量-名"结构来习得形容词的个体化功能。

总的来说,本章探讨了形容词修饰与名词可数性的关系,提出了形容词决定论,并通过对儿童语言实验的分析,验证了形容词在名词可数性解读中的作用。这一发现对于理解形容词和名词之间的语义和句法互动具有重要意义。

11.4 全书结语

我们进行了一系列儿童语言实验和数据库研究,用以辨析汉语可数性问题的语义观和句法观。这些实证研究均支持我们的句法观。实验中,我们考察了形态句法(包括量词的有无、表示形状和大小的形容词)和语境(个体语境和非个体语境)对名词指称维度的影响,发现语境的作用不能超越形态句法,形态句法的作用是决定性的。

从跨语言的视角来看，我们的研究还能够为其他语言的可数性研究提供借鉴与启示，进而有助于揭示不同语言之间在可数性表达方面的共性与个性问题。尽管汉语和英语在可数性的形态句法标记方式上存在显著差异——汉语主要借助量词来标记可数性，而英语则通过复数形态以及限定词等语法范畴来标记可数性，但这些不同的形态句法手段所编码的语义功能在本质上却是相似相通的。我们的研究充分证明，汉语名词的可数性并非固定不变，形态句法才是决定汉语名词可数性的关键性因素。然而，与之形成鲜明对比的是，相关的英语儿童语言发展在可数性标记方面的研究却相对缺乏系统性与深入性。因此，我们在本书中所采用的实验方法仔细探究了形态句法和语境的相互作用，值得被进一步延展和应用到英语等印欧语系语言的可数性研究之中，以便更加深入、全面地探讨不同语言在可数性表达方面的共性与个性问题，为语言学的跨语言研究贡献更多有价值的成果。

附　录

附录一　第 4 章用到的实验测试句

个-梨子

地上有梨子,桌上也有梨子。

地上有个梨子,桌上也有个梨子。

地上有一个梨子,桌上也有一个梨子。

个-苹果

椅子上有苹果,盘子里也有苹果。

椅子上有个苹果,盘子里也有个苹果。

椅子上有两个苹果,盘子里也有两个苹果。

条-鱼

盘子里有鱼,桌子上也有鱼。

盘子里有条鱼,桌子上也有条鱼。

盘子里有一条鱼,桌子上也有一条鱼。

条-裤子

墙上有裤子,床上也有裤子。

墙上有条裤子,床上也有条裤子。

墙上有两条裤子,床上也有两条裤子。

张-椅子

电视机旁边有椅子,沙发旁边也有椅子。

电视机旁边有张椅子,沙发旁边也有张椅子。

电视机旁边有一张椅子,沙发旁边也有一张椅子。

张-画

桌子上有画,墙上也有画

桌子上有张画,墙上也有张画

桌子上有两张画,墙上也有两张画

只-青蛙

花旁边有青蛙,大树旁边也有青蛙。

花旁边有只青蛙,大树旁边也有只青蛙。

花旁边有一只青蛙,大树旁边也有一只青蛙。

附录二　第 6 章实验一和实验二的实验材料

语境一：非个体导向语境

有两个妖怪,青蛙妖怪和黑妖怪。他们俩可爱吃东西了,什么东西都吃。有一天,他俩在森林里玩耍,突然看见了一个搅拌机,他们俩可高兴了,因为他们俩没有牙齿,不能吃硬硬的东西呢,一会他俩要是饿了,就可以用搅拌机把东西搅碎了吃呢。

（1）第一个环节：家具。

早上的时候,青蛙妖怪和黑妖怪发现了一些家具。青蛙妖怪发现了一个大桌子和一个大椅子。这些是大巨人用的大家具,有两个家具,他把这些家具放进搅拌机里,搅碎成了一大堆东西。黑妖怪发现了两个小桌子和两个小椅子,小矮人用的小家具,有四个家具,他也把这些家具放进搅拌机里,

搅碎成了一小堆东西。青蛙妖怪把这一大堆东西吃下去了,肚子吃得饱饱
的,吃完他就睡觉去了,这时候就听见青蛙妖怪呼呼的打鼾声了。黑妖怪把
他搅碎的一小堆东西吃下去了,但是黑妖怪的肚子还饿,都能听见他肚子咕
咕叫的声音了。

　　　　实验一测试句:青蛙妖怪吃了更多家具。
　　　　实验二测试句:青蛙妖怪吃了更多个家具。

　　(2)第二个环节:工具。
　　中午到了,睡了一大觉青蛙妖怪也睡醒了,他的肚子也开始饿了。这时
候他们发现了很多工具。黑妖怪发现了一个大锤子和一个大钳子,大巨人
用的大工具,有两个工具,它把这些工具放进搅拌机,搅碎成一大堆东西,青
蛙妖怪发现了两个小锤子和两个小钳子,小矮人用的小工具,有四个工具,
他也把这些工具放进搅拌机,搅碎成一小堆东西。黑妖怪把这一大堆东西
全都吃下去了,黑妖怪的肚子吃得好撑呀,肚皮都快要撑破了。青蛙妖怪把
这一小堆东西吃下去了,但是青蛙妖怪没有吃饱,于是他又四处转转找找吃
的东西,但是找了一圈还是没有找到吃的,肚子饿得咕咕叫。

　　　　实验一测试句:黑妖怪吃了更多工具。
　　　　实验二测试句:黑妖怪吃了更多个工具。

　　(3)第三个环节:餐具。
　　吃完了工具,他们又继续玩耍了,一直玩到了晚上。那晚上到了,是不
是该吃晚饭了? 他们找呀找,找到了一些餐具。青蛙妖怪找到了一个大叉
子和一个大勺子,大巨人用的大餐具,有两个餐具。他把这些餐具放进搅拌
机里,搅碎成一大堆东西。黑妖怪找到了两个小勺子和两个小叉子,小矮人
用的小餐具,有四个餐具。他也把这些餐具放进了搅拌机里,搅碎成一小堆
东西。青蛙妖怪把这一大堆东西吃下去了,肚子吃得饱饱的,撑得他趴在地
上都动不了了。黑妖怪也把这一小堆东西吃下去了,但黑妖怪的肚子还是

很扁，只听见他的肚子饿得咕咕直叫。

实验一测试句：青蛙妖怪吃了更多餐具。
实验二测试句：青蛙妖怪吃了更多个餐具。

语境二：个体导向语境

从前有一个仙女姐姐和一个仙女妹妹，她们俩要进行魔法比赛，看谁能用魔法变出东西来。谁变得东西多就算谁赢，谁赢了就得到一枚金牌，谁输了我们就给她一个黑叉。

（1）第一个环节：家具。

仙女姐姐和仙女妹妹打算先进行变家具比赛。仙女姐姐变出一个大桌子和一个大椅子，大巨人用的大家具，仙女妹妹变出两个小桌子和两个小椅子，小矮人用的小家具。我们一起来数数看，仙女姐姐变了几个家具？一共两个家具。仙女妹妹变了几个家具？一共四个家具。所以这次是仙女妹妹赢了。所以仙女妹妹获得了一枚金牌，仙女姐姐获得了一个黑叉。

实验一测试句：仙女姐姐变出了更多家具。
实验二测试句：仙女姐姐变出了更多个家具。

（2）第二个环节：工具。

仙女姐姐觉得很不服气，于是仙女姐姐打算和仙女妹妹再比一次。这次她们俩进行变工具比赛。这次仙女妹妹变出了一个大锤子和一个大钳子，大巨人用的大工具。仙女姐姐变出了两个小锤子和两个小钳子，小矮人用的小工具。我们一起来数数看，仙女妹妹变了几个工具？一共两个工具。仙女姐姐变了几个工具？一共四个工具。所以这次是仙女姐姐赢了。仙女姐姐获得了一枚金牌，仙女妹妹获得了一个黑叉。

实验一测试句：仙女妹妹变出了更多工具。

实验二测试句：仙女妹妹变出了更多个工具。

（3）第三个环节：餐具。

她们俩都赢了一次，那么到底是谁的魔法厉害呢？于是仙女姐姐和仙女妹妹打算再比一次，这次是变餐具比赛。仙女姐姐变出了一个大勺子和一个大叉子，大巨人用的大餐具，仙女妹妹变出了两个小勺子和两个小叉子，小矮人用的小餐具。我们一起来数数看，仙女姐姐变了几个餐具？一共两个餐具。仙女妹妹变了几个餐具？一共四个餐具。所以这次是仙女妹妹赢了。仙女妹妹获得了一枚金牌，仙女姐姐获得了一个黑叉。

实验一测试句：仙女姐姐变出了更多餐具。
实验二测试句：仙女姐姐变出了更多个餐具。

附录三　第6章实验三的实验材料

森林里住着两个妖怪，大鸟妖怪和青蛙妖怪。有一天，它们在森林里玩，玩了一会，肚子就饿了，于是它们便打算去找点吃的，那我们来看看它们都找到了什么吃的吧。

（1）第一环节：家具。

它们找啊找啊，发现了一堆家具。大鸟妖怪捡到了两个重一百斤的大家具，青蛙妖怪妖怪捡到了四个重十斤的小家具。大鸟妖怪把两个重一百斤的大家具吃下去了，肚子吃得饱饱的，肚子都鼓起来了。青蛙妖怪也把四个重十斤的小家具吃下去了，但它的肚子没有吃饱，还是很扁。

测试句：大鸟妖怪吃了更多家具。

（2）第二环节：工具。

吃完了东西，它们又继续玩耍，玩了一会，它们又饿了，于是决定再找点吃的。这次它们发现了一堆工具。青蛙妖怪捡到了两个重一百斤的大工具,大鸟妖怪捡到了四个重十斤的小工具。青蛙妖怪把两个重一百斤的大工具吃下去,肚子吃得饱饱的,肚皮都要撑破了,还盖上被子睡觉了。大鸟妖怪把四个重十斤的小工具吃下去,可是它没有吃饱,肚子饿得咕咕叫。

　　　　测试句：青蛙妖怪吃了更多工具。

　　(3) 第三环节：餐具。

　　因为大鸟妖怪还没吃饱,于是它便让青蛙妖怪陪它继续找吃的。这一次它们发现了一堆餐具。大鸟妖怪捡到了两个重一百斤的大餐具,青蛙妖怪捡到了四个重十斤的小餐具。大鸟妖怪把这两个重一百斤的大餐具吃下去,吃得饱饱的,撑得它趴在地上都动不了了。青蛙妖怪把这四个重十斤的小餐具吃下去,但它还是没饱。那我来考考小熊猫吧。

　　　　测试句：大鸟妖怪吃了更多餐具。

附录四　第8章实验一和实验二的实验材料

语境一：重量导向语境

　　从前,森林里住着两个妖怪,大鸟妖怪和青蛙妖怪。有一天,它们在森林里玩,玩了一会,肚子就饿了,于是它们便打算去找点吃的,那我们来看看它们都找到了什么吃的吧。

　　(1) 第一环节：狗。

　　它们找啊找啊,发现了一群狗。大鸟妖怪捉到了两只重一百斤的大狗,青蛙妖怪捉到了四只重十斤的小狗。大鸟妖怪把两只重一百斤的大狗吃下去了,肚子吃得饱饱的,肚子都鼓起来了。青蛙妖怪也把四只重十斤的小狗吃下去了,但它的肚子没有吃饱,还是很扁。

　　　　实验一测试句：大鸟妖怪吃了更多狗。
　　　　实验二测试句：大鸟妖怪吃了更多只狗。

（2）第二环节：牛。

吃完了东西，它们又继续玩耍，玩了一会，它们又饿了，于是决定再找点吃的。这次它们发现了一群牛。青蛙妖怪捉到了两只重一百斤的大牛，大鸟妖怪捉到了四只重十斤的小牛。青蛙妖怪把两只重一百斤的大牛吃下去，肚子吃得饱饱的，肚皮都要撑破了，还盖上被子睡觉了。大鸟妖怪把四只重十斤的小牛吃下去，可是它没有吃饱，肚子饿得咕咕叫。

　　　实验一测试句：青蛙妖怪吃了更多牛。
　　　实验二测试句：青蛙妖怪吃了更多只牛。

（3）第三环节：羊。

因为大鸟妖怪还没吃饱，于是他便让青蛙妖怪陪它继续找吃的。这一次它们发现了一群羊。大鸟妖怪捉到了两只重一百斤的大羊，青蛙妖怪捉到了四只重十斤的小羊。大鸟妖怪把这两只重一百斤的大羊吃下去，吃得饱饱的，撑得它趴在地上都动不了了。青蛙妖怪把这四只重十斤的小羊吃下去，但它还是没饱。

　　　实验一测试句：大鸟妖怪吃了更多羊。
　　　实验二测试句：大鸟妖怪吃了更多只羊。

语境二：个体导向语境

从前，在魔法森林里住着两个仙女，蝴蝶仙女和小鸟仙女。有一天，她们俩要进行魔法比赛，看谁能用魔法变出东西来。谁赢了就能得到一个金牌，谁输了就只能得到一个黑叉。

（1）第一环节：狗。

蝴蝶仙女和小鸟仙女打算先比赛变狗。蝴蝶仙女变出了两只大狗，小鸟仙女变出了四只小狗。因为蝴蝶仙女变出了两只狗，小鸟仙女变出了四只狗，所以这次是小鸟仙女赢了。所以小鸟仙女得到了一个金牌，而蝴蝶仙女得到了一个黑叉。

> 实验一测试句：蝴蝶仙女变出了更多狗。
> 实验二测试句：蝴蝶仙女变出了更多只狗。

（2）第二环节：牛。

蝴蝶仙女很不服气，于是她打算和小鸟仙女再比一次。这次她们打算比赛变牛。小鸟仙女变出了两只大牛，蝴蝶仙女变出了四只小牛。因为小鸟仙女变出了两只牛，蝴蝶仙女变出了四只牛，所以这次是蝴蝶仙女赢了。蝴蝶仙女得到了一个金牌，小鸟仙女得到了一个黑叉。

> 实验一测试句：小鸟仙女变出了更多牛。
> 实验二测试句：小鸟仙女变出了更多只牛。

（3）第三环节：羊。

比完了两次之后，她们分别赢了一次，那么到底是谁的魔法更厉害呢？于是蝴蝶仙女和小鸟仙女打算再比一次，这次是比赛变羊。蝴蝶仙女变出了两只大羊，小鸟仙女变出了四只羊。因为蝴蝶仙女变了两只羊，小鸟仙女变出了四只羊，所以这次是小鸟仙女赢了。小鸟仙女获得了一个金牌，蝴蝶仙女获得了一个黑叉。

> 实验一测试句：蝴蝶仙女变出了更多羊。
> 实验二测试句：蝴蝶仙女变出了更多只羊。

附录五　第8章实验三的实验材料

从前，森林里住着两个妖怪，大鸟妖怪和青蛙妖怪。这两个妖怪特别厉害，他们会魔法呢。不过呢，这两个妖怪没有牙齿，所以每次吃东西之前，它们都要用魔法把食物变成一堆像橡皮泥一样的东西，然后再把它们吃掉。

有一天,它们在森林里玩,玩了一会,肚子就饿了,于是它们便打算去找点吃的,那我们来看看它们都找到了什么吃的吧。

(1) 第一环节:狗。

它们找啊找啊,发现了一群狗。大鸟妖怪捉到了两只重一百斤的大狗,青蛙妖怪捉到了四只重十斤的小狗。大鸟妖怪好饿啊,它赶紧用魔法把两只大狗变成了一大堆东西,青蛙妖怪也赶紧用魔法把四只小狗变成了一小堆东西。大鸟妖怪妖怪把这一大堆东西吃下去了,肚子吃得饱饱的,都鼓起来了。青蛙妖怪也把这一小堆东西吃下去了,但它的肚子没有吃饱,还是很扁。

测试句:大鸟妖怪吃了更多狗。

(2) 第二环节:牛。

吃完了东西,它们又继续玩耍,玩了一会,它们又饿了,于是决定再找点吃的。这次它们发现了一群牛。青蛙妖怪捉到了两只重一百斤的大牛,大鸟妖怪捉到了四只重十斤的小牛。青蛙妖怪用魔法把两只大牛变成了一大堆东西,吃下去,肚子吃得饱饱的,肚皮都要撑破了,还盖上被子睡觉了。大鸟妖怪用魔法把四只小牛变成了一小堆东西吃下去,可是它没有吃饱,肚子饿得咕咕叫。

测试句:青蛙妖怪吃了更多牛。

(3) 第三环节:羊。

因为大鸟妖怪还没吃饱,于是他便让青蛙妖怪陪它继续找吃的。这一次它们发现了一群羊。大鸟妖怪捉到了两只重一百斤的大羊,青蛙妖怪捉到了四只重十斤的小羊。大鸟妖怪还是用魔法把这两只大羊变成了一大堆东西后吃下去,吃得饱饱的,撑得它趴在地上都动不了了。青蛙妖怪把这四只小羊变成了一小堆东西也吃下去了,但它还是没饱。

测试句:大鸟妖怪吃了更多羊。

附录六 第8章实验四的实验材料

从前有两个妖怪，一个是大鸟妖怪，一个是青蛙妖怪，他们特别爱运动，还经常进行和运动有关的比赛。有一天啊，他们决定进行举重比赛，谁赢了，我们就给他金牌，谁输了，我们就给他黑叉。这次的举重比赛他们决定比赛举动物。

（1）第一环节：狗。

第一轮他们比赛举狗。这里有两个盒子，一个盒子里有两只大狗，它们加起来有100斤重，另一个盒子里有两只小狗，它们加起来只有10斤重。青蛙妖怪认为自己很厉害，就先挑战举大狗，可是大狗好重，他根本就举不起来，所以他就只能去举小狗，而且很轻松就把小狗举起来了。大鸟妖怪也认为自己很厉害，他也先挑战举大狗，而且一下就把大狗举起来了。因为大鸟妖怪举起了很重的大狗，青蛙妖怪举起了很轻的小狗，所以是大鸟妖怪赢了，我们给大鸟妖怪金牌，给青蛙妖怪黑叉。

　　测试句1：大鸟妖怪举起了多少狗，青蛙妖怪就举起了多少狗。
　　测试句2：大鸟妖怪举起了多少只狗，青蛙妖怪就举起了多少只狗。

（2）第二环节：牛。

因为第一轮青蛙妖怪输了，所以他很不服气，他便让大鸟妖怪和他再比一次，这一次他们比赛举牛。这里有两个盒子，一个盒子里有两只大牛，它们加起来有100斤重，另一个盒子里有两只小牛，它们加起来只有10斤重。青蛙妖怪特别想赢，于是他还是先挑战举大牛，他使劲把大牛举起来了。大鸟妖怪不想输给青蛙妖怪，他也要挑战举大牛，可是因为第一轮他举大狗花费了太多力气，现在就没有力气了，所以举不起来大牛，最后只能举起了小牛。因为青蛙妖怪举起了很重的大牛，大鸟妖怪举起了很轻的小牛，所以是青蛙妖怪赢了，我们给青蛙妖怪金牌，给大鸟妖怪黑叉。

测试句1：青蛙妖怪举起了多少牛，大鸟妖怪就举起了多少牛。

测试句2：青蛙妖怪举起了多少只牛，大鸟妖怪就举起了多少只牛。

（3）第三环节：羊。

两轮之后他们俩各赢了一次，那到底谁更厉害呢，他们还要再比一次，这一次他们要比赛举羊。这里有两个盒子，一个盒子里有两只大羊，它们加起来有100斤重，另一个盒子里有两只小羊，它们加起来只有10斤重。大鸟妖怪还是决定先挑战举大羊，他用尽浑身力气，终于把大羊给举起来了。青蛙妖怪认为自己也能举起大羊，于是也挑战举大羊，可是他好累啊，都没有力气了，没能把大羊举起来，所以他只能挑战举小羊了，他一下子就把小羊举起来了。因为大鸟妖怪举起了很重的大羊，青蛙妖怪举起了很轻的小羊，所以是大鸟妖怪赢了，我们给大鸟妖怪金牌，给青蛙妖怪黑叉。

测试句1：大鸟妖怪举起了多少羊，青蛙妖怪就举起了多少羊。

测试句2：大鸟妖怪举起了多少只羊，青蛙妖怪就举起了多少只羊。

参考文献

［1］黄爱军,徐婧颖(2021).汉语形容词修饰与汉语可数性问题探究：一项儿童语言习得研究.语言学研究,(2)：59‑71.

［2］李宇明,唐志东(1991).汉族儿童问句系统习得探微.武汉：华中师范大学出版社.

［3］陆俭明(1987).数量词中间插入形容词情况考察.语言教学与研究,(4)：53‑72.

［4］司马翎(2007).北方方言和粤语中名词的可数标记.语言学论丛,35,234‑245,北京商务印书馆.

［5］中国社会科学院语言研究所词典编辑室(1987).倒序现代汉语词典.北京：商务印书馆.

［6］Allan, K. (1980). Nouns and countability. *Language* 56：541‑567.

［7］Au Yeung, Waihoo (2005). *An Interface Program for Parameterization of Classifiers in Chinese*. PhD dissertation, The Hong Kong University of Science and Technology.

［8］Bach, E. (1989). *Informal Lectures on Formal Semantics*. New York：State University of New York Press.

［9］Bale, A., & Barner, D. (2009). The interpretation of functional heads：Using comparatives to explore the mass/count distinction. *Journal of Semantics*, 26(3)：217‑252.

［10］Bale, A., & Barner, D. (2012). Semantic triggers, linguistic variation and the mass-count distinction. In Diane Massam (ed.), Count and Mass Across Languages 238 – 260. Oxford: Oxford University Press.

[11] Bale, A., & Barner, D. (2018). Quantity judgment and the mass-count distinction across languages: advances, problems, and future directions for research. Glossa: a Journal of General Linguistics 3 (1): 63.

[12] Barner, D., & Snedeker, J. (2005). Quantity judgments and individuation: Evidence that mass nouns count. Cognition, 97(1): 41 – 46.

[13] Barner, D., & Snedeker, J. (2006). Children's early understanding of mass/count syntax: Individuation, lexical content, and the number asymmetry hypothesis. Language Learning and Development, 2(3): 163 – 194.

[14] Barner, D., Inagaki, S., & Li, P. (2009). Language, thought, and real nouns. Cognition, 111(3): 329 – 344.

[15] Barner, D., Wagner, R., & Snedeker, J. (2008). Events and the ontology of individuals: Verbs as a source of individuating mass and count nouns. Cognition 106: 805 – 832.

[16] Beviláqua, K., & de Oliveira, R. P. (2014). Brazilian bare phrases and referentiality: Evidences from an experiment. Revista Letras, Curtiba 90: 253 – 275.

[17] Beviláqua, K., Lima, S., & Pires de Oliveira, R. (2016). Bare nouns in Brazilian Portuguese: An experimental study on grinding. Baltic International Yearbook of Cognition, Logic and Communication, 11 (1): 1 – 25.

[18] Bisang, W. (1999). Classifiers in East and Southeast Asian languages Counting and beyond. In J. Gvozdanović(ed.), Numeral Types and Changes Worldwide (pp. 113 – 186). Berlin, New York:

De Gruyter Mouton.

[19] Bloom, P. (1990). Semantic Structure and Language Development. PhD dissertation, Massachusetts Institute of Technology.

[20] Bloom, P. (1994a). Possible names: the role of syntax-semantics mapping in the acquisition of nominals. Lingua 92: 297 – 329.

[21] Bloom, P. (1994b). Syntax-semantics mappings as an explanation for some transitions in language development. In Yonata Leby (ed.), Other Children, Other Languages. Issues in the Theory of Language Acquisition. Philadelphia: Laurence Erlbaum Association.

[22] Bloomfield, L. (1933). Language. New York: Holt, Rinehart & Winston.

[23] Bo, M. (1999). The structure of the Chinese language and ontological insights: a collective-noun hypothesis. Philosophy East and West 49(1): 45 – 62.

[24] Borer, H. (2005). In name only. Part II: Determining structure. London: The Oxford University Press.

[25] Bunt, H. (1985). Mass terms and model-theoretic semantics. Cambridge: Cambridge University Press.

[26] Chao, Y. (1968). A grammar of spoken Chinese. Berkeley: University of California Press.

[27] Chen, P. (2003). Indefinite determiner introducing definite referent: A special use of Ji "one" + classified in Chinese. Lingua, 113: 1169 – 1184.

[28] Cheng, C. Y (1973). Comments on Moravcsik's paper. In Hintikka, K. J. J., Moravcsik, J. M. E., Suppes, P. (eds.), Approaches to Natural Language. Synthese Library, vol 49. Springer, Dordrecht. https://doi.org/10.1007/978-94-010-2506-5_14.

[29] Cheng, L. L.-S. (2012). Counting and classifiers. In D. Massam (ed.), Count and mass across languages (pp. 199 – 219). Oxford:

Oxford University Press.

[30] Cheng, L. L.-S., & Huang, J. C.-T. (1996). Two types of donkey sentences. Natural Language Semantics, 4(2): 121 - 163.

[31] Cheng, L. L.-S., & Sybesma, R. (1998). Yi-wan tang, yi-ge tang: Classifiers and Massifiers. The Tsing Hua Journal of Chinese Studies, New Series, 28(3): 385 - 412.

[32] Cheng, L. L.-S., & Sybesma, R. (1999). Bare and not-so-bare nouns and the structure of NP. Linguistic Inquiry, 30(4): 509 - 542.

[33] Cheng, L. L.-S., & Sybesma, R. (2005). Classifiers in four varieties of Chinese. In G. Cinque, & R. S. Kayne (eds.), Handbook of Comparative Syntax (pp. 259 - 295). London: Oxford University Press.

[34] Cheng, L. L.-S., Doetjes, J. S., & Sybesma, R. (2008). How universal is the Universal Grinder? In M. van Koppen, & B. Botma (Eds.), Linguistics in the Netherlands (pp. 50 - 62). Amsterdam, & Philadelphia: John Benjamins.

[35] Chien, Y. C., Lust, B., & Chiang, C. P. (2003). Chinese children's comprehension of count-classifiers and mass-classifiers. Journal of East Asian Linguistics, 12(2): 91 - 120.

[36] Chierchia, G. (1998a). Plurality of mass nouns and the notion of "semantic parameter". In S. Rothstein (Ed.), Events and grammar (pp. 53 - 103). Dordrecht: Springer.

[37] Chierchia, G. (1998b). Reference to kinds across languages. Natural Language Semantics, 6: 339 - 405.

[38] Chierchia, G. (2000). Chinese conditionals and the theory of conditionals. Journal of East Asian Linguistics, 9(1): 1 - 54.

[39] Chierchia, G. (2010). Mass nouns, vagueness, and semantic variation. Synthese, (174): 99 - 149.

[40] Chierchia, G., Crain, S., Guasti, M. T., Gualmini, A., &

Meroni, L. (2001). The acquisition of disjunction: Evidence for a grammatical view of scalar implicatures. In Proceedings of the 25th Boston University conference on language development (pp. 157 – 168).

[41] Corbett, G. G. (2000). Number. Cambridge textbooks in linguistics. Cambridge: CUP.

[42] Cowper, E., & Hall, D. (2012). Aspects of individuation. In D. Massam (Ed.), Count and mass across languages (pp. 27 – 53). Oxford: Oxford University Press.

[43] Crain, S. (2012). The Emergence of Meaning. Cambridge University Press.

[44] Crain, S., & Thornton, R. (1998). Investigations in Universal Grammar: A guide to experiments on the acquisition of syntax and semantics. Cambridge, MA: The MIT Press.

[45] Crain, S., & McKee, C. (1985). The Acquisition of Structural Restrictions on Anaphora. In Stephen Berman, Jae-Woong Choe, & Joyce McDonough (eds), Proceedings of NELS 15: 94 – 110. Massachusetts: Amherst.

[46] Crain, S., & Wexler, K. (1999). Methodology in the study of language acquisition: A modular approach. Handbook of child language acquisition: 387 – 425.

[47] Doetjes, J. S. (1997). Quantifiers and selection (Doctoral dissertation, Leiden University).

[48] Fan, L. (2012). The interrogative and non-interrogative use of Mandarin wh-words children at early age. TCSOL Studies, 45(1): 85 – 95.

[49] Fang, F. (1985). An experiment on the use of classifiers by 4-6-year-olds. Acta Psychologica Sinica 17: 384 – 392.

[50] Fodor, J. A. (1983). The Modularity of Mind. MIT press.

[51] Gathercole, V. (1985a). He has too much hard questions. The acquisition of the linguistic mass-count distinction in much and many. Journal of Child Language, 12: 395 – 415.

[52] Gathercole, V. (1985b). More and more and more about more. Journal of Experimental Child Psychology, 40: 73 – 104.

[53] Gathercole, V. (1986). Evaluating competing linguistic theories with child language data: The case of the mass-count distinction. Linguistics and Philosophy, 9(2): 151 – 190.

[54] Ghomeshi, J. , & Massam, D. (2012). The count mass distinction: Issues and perspectives. In D. Massam (Ed.), Count and mass across languages (pp. 1 – 8). Oxford: Oxford University Press.

[55] Gleason, H. A. (1965). Linguistics and English Grammar. New York: Holt, Rinehart, & Winston, New York.

[56] Gordon, P. (1982). The acquisition of syntactic categories: The case of the count/mass distinction (Doctoral dissertation, Massachusetts Institute of Technology).

[57] Gordon, P. (1985). Evaluating the semantic categories hypothesis: the case of the count/mass distinction. Cognition, 20: 209 – 242.

[58] Gordon, P. (1988). Count/mass category acquisition: distributional distinctions in children's speech. Journal of Child Language, 15: 109 – 128.

[59] Graham, A. C. (1989). Disputers of the Tao. Chicago, & La Salle, Ill: Open Court.

[60] Grimm, S. (2018). Grammatical number and the scale of individuation. Language, 94(3): 527 – 574.

[61] Grimm, S. , & Levin, B. (2012). Who has more furniture? An Exploration of the Bases for comparison. Mass/Count in Linguistics, Philosophy and Cognitive Science Conference. Paris, France: Ecole Normale Superieure.

［62］ Hansen, C. (1983). Language and logic in ancient China. Ann Arbor: University of Michigan Press.

［63］ Harbsmeier, C. (1991). The Mass Noun Hypothesis and the part-whole analysis of the White Horse Dialogue. In H. Rosemont (ed.), Chinese texts and philosophical contexts: Essays dedicated to Augus, C. Graham (pp. 49 – 66). Illinois: Open Court Publishing Company.

［64］ Hu, Q. (1993). The Acquisition of Chinese Classifiers by Young Mandarin-Speaking Children. Ph. D. dissertation, Boston University.

［65］ Huang, A. (2009). Count-mass distinction and the acquisition of classifiers in Mandarin speaking children (Master's thesis, Chinese University of Hong Kong).

［66］ Huang, A. (2019). Countability in Mandarin Chinese: Bridging theory and experiments. Language and Semiotic Studies, 5(3): 78 – 110.

［67］ Huang, A., & Lee, T. H.-T. (2009). Quantification and individuation in the acquisition of Chinese classifiers. In Y. Otsu (ed.), Proceedings of the Tenth Tokyo Conference on Psycholinguistics (pp. 117 – 141). Tokyo: Hituzi.

［68］ Huang, A., Li, J. J., & Meroni, L. (2022). Grammatical and contextual factors affecting the interpretation of superordinate collectives in child and adult Mandarin. Linguistics, 60(4): 933 – 972.

［69］ Huang, A., Ursini, F. A., & Meroni, L. (2021). Portioning-out and individuation in Mandarin non-interrogative wh-pronominal phrases: Experimental evidence from child Mandarin. Frontiers in Psychology, 11. 3296. doi. org/10. 3389/fpsyg. 2020. 592281.

［70］ Huang, A., Zhang, X. M, & Crain S. (2024). The interpretation of animate nouns in children and adult Mandarin: from the Universal Grinder to syntactic structure. Linguistics, 62 (4): 889 – 935.

https://doi. org/10. 1515/ling-2021-0184.

[71] Huang, Y. V. (2007). The Use of Count and Mass Classifiers in Chinese Preschoolers. MA thesis, National Taiwan Normal University.

[72] Imai, M. , & Gentner, D. (1997). A cross-linguistic study of early word meaning: universal ontology and linguistic influence. Cognition, 62: 169 – 200.

[73] Inagaki, S. , & Barner, D. (2009). Countability in absence of count syntax: Evidence from Japanese Quantity Judgements. In S. Inagaki et al. (eds.), Studies in Language Sciences, (8): 111 – 125.

[74] Jespersen, O. (1924). The philosophy of grammar. London: Allen and Unwin.

[75] Krifka, M. (1995). Common nouns: A contrastive analysis of Chinese and English. In G. Carlson, & F. J. Pelletier (eds.), The generic book (pp. 398 – 411). Chicago, Ⅲ: University of Chicago Press.

[76] Kuo, Yichun (2003). Shape Salience in English and Chinese: Implications for the Effects of Cognition on Language. PhD dissertation, The University of Minnesota.

[77] Landman, F. (2011). Count nouns, mass nouns, neat nouns, mess nouns. In Bishop, Michael, et al. (eds.), Baltic International Yearbook of Cognition, Logic and Communication 6(1): 1 – 67.

[78] Landau, B. , Smith, L. B. , & Jones, S. S. (1988). The importance of shape in early lexical learning. Cognitive Development 3(3): 299 – 321.

[79] Levy, Y. (1988). On the early learning of grammatical systems: evidence from studies of the acquisition of gender and countability. Journal of Child Language, 15: 179 – 186.

[80] Li, P. , Barner, B. , Huang, B. H. (2008). Classifiers as count syntax: individuation and measurement in the acquisition of

Mandarin Chinese. Language Learning and development 4: 249 – 290.

[81] Li, P. , Huang, B. , & Hsiao, Y. (2010). Learning that classifiers count: Mandarin-speaking children's acquisition of sortal and measural classifiers. Journal of East Asian Linguistics 19 (3): 207 – 230.

[82] Li, X. P. (2013). Numeral classifiers in Chinese: The syntax-semantics interface. Berlin/New York: Mouton de Gruyter.

[83] Liao, W. W. R. (2015). On modification with whole/zheng in English and Chinee and the uniformity of syntax. Journal of East Asian Linguistics 24: 53 – 74.

[84] Lima, S. (2018). Quantity judgement studies in Yudja (Tupi): acquisition and interpretation of nouns. Glossa: a journal of general linguistics 3(1): 1 – 16. http://doi. org/10. 5334/gjgl. 359.

[85] Lima, S. O. , & Gomes, A. P. Q. (2016). The interpretation of Brazilian Portuguese bare singulars in neutral contexts. Revista Letras, 93: 193 – 209.

[86] Lin, J. -W. (1996). Polarity licensing and wh-phrase quantification in Chinese (Doctoral dissertation, Massachusetts Institute of Technology).

[87] Lin, J. , & Schaeffer, J. (2018). Nouns are both mass and count: Evidence from unclassified nouns in adult and child Mandarin Chinese. Glossa: a journal of general linguistics 3(1): 1 – 23, 54. http://doi. org/10. 5334/gjgl. 406.

[88] Liu, F. -H. (2014). Quantification and the count-mass distinction in Mandarin Chinese. In C. -T. J. Huang, & F. -H. Liu (eds.), Peaches and plums (pp. 153 – 180). Taipei: Institute of Linguistics, Academic Sinica.

[89] Liu, M. M. (2016). Mandarin wh-conditionals as interrogative

conditionals. In Proceedings of SALT, 26.

[90] Luo, Q. , Hsieh, M. L. , & Shi, D. (2017). Pre-classifier adjectival modification in Mandarin Chinese: A measurement-based analysis. Journal of East Asian Linguistics 26: 1 - 36.

[91] MacDonald, D. , & Carroll, S. E. (2018). Second-language processing of English mass-count nouns by native-speakers of Korean. Glossa: A Journal of General Linguistics 3(1). 46. 1 - 27. http://doi. org/10. 5334/gjgl. 363.

[92] Macnamara, John (1972). Cognitive basis of language leasing in infants. Psychological Review 79(1): 1 - 13.

[93] Macnamara, J. (1982). Names for Things: A study of human learning. Cambridge, MA: The MIT Press.

[94] Macnamara, John and Gonzalo E. Reyes (1994). Foundational issues in the learning of proper names, count nouns and mass nouns. In John Macnamara and Gonzalo Reyes (eds.), The Logical Foundations of Cognition. Oxford: The Oxford University Press.

[95] Massam, D. (2012). Count and mass across languages. Oxford: Oxford University Press.

[96] Mathieu, E. (2012). On the mass/count distinction in Ojibwe. In D. Massam (Ed.), Count and mass across languages (pp. 172 - 198). Oxford: Oxford University Press.

[97] McCawley, J. D. (1975/1979). Lexicography and the mass-count distinction, 1975. Berkeley Linguistics Society 1: 314 - 321; reprinted in McCawley, J. D. 1979. Adverbs, Vowels, and Other Objects of Wonder. 165 - 173. Chicago: The University of Chicago Press.

[98] Middleton, E. L. , Wisniewski, E. J. , Trindel, K. A. , & Imai, M. (2004). Separating the chaff from the oats: Evidence for a conceptual distinction between count noun and mass noun aggregates. Journal of Memory and Language 50: 371 - 394.

[99] Noveck, I. A. (2001). When children are more logical than adults: Experimental investigations of scalar implicature. Cognition 78(2): 165 – 188.

[100] Pelletier, F. J. (1979). Mass Terms: Some Philosophical Problems. Dordrecht: D. Reidel.

[101] Pelletier, F. J. (1975). Non-Singular reference: some preliminaries. Philosophia 5: 451 – 465. https://doi.org/10.1007/BF02379268.

[102] Pelletier, F. J. (2012). Lexical nouns are both + MASS and + COUNT, but they are neither + MASS nor + COUNT. In D. Massam (Ed.), Count and mass across languages (pp. 9 – 26). Oxford: Oxford University Press.

[103] Piriyawiboon, N. (2010). Classifiers and determiner-less languages: The case of Thai (Doctoral dissertation, University of Toronto).

[104] Quine, W. V. O. (1960). Word and Object. Cambridge: MIT Press.

[105] Rothstein, S. (2010). Counting and the mass-count distinction. Journal of Semantics, 27(3): 343 – 397.

[106] Rothstein, S. (2017). Semantics for Counting and Measuring. Cambridge University Press.

[107] Rothstein, S., & de Oliveira, R. P. (2020). Comparatives in Brazilian Portuguese: Counting and measuring. In F. Moltmann (ed.), Mass and Count in Linguistics, Philosophy, and Cognitive Science. Amsterdam: John Benjamins.

[108] Rygaloff, A. (1973). Grammaire Elémentaire du Chinois. Presses Universitaires de France.

[109] Schwarzschild, R. (2006). The role of dimensions in the syntax of noun phrases. Syntax, 9(1): 67 – 110.

[110] Schwarzschild, R. (2011). Stubborn distributivity, multiparticipant nouns and the count/mass distinction. North East Linguistic Society

(NELS) 39(2): 661 - 678.

[111] Scontras, G. , Davidson, K. , Deal, A. R. , & Murray, S. E. (2017). Who has more? The influence of linguistic form on quantity judgments. Proceedings of the Linguistic Society of America, 2: 41 - 1.

[112] Sharvy, R. (1978). Maybe English has no count nouns: Notes on Chinese semantics. Studies in Language, 2(3): 345 - 365.

[113] Smith-Stark, T. C. (1974). The plurality split. In Chicago Linguistic Society, 10(1): 657 - 672.

[114] Soja, Nancy (1992). Inferences about the meaning of nouns: the relationship between perception and syntax. Cognitive Development 7: 29 - 46.

[115] Soja, Nancy, Susan Carey and Elizabeth Spelke (1991). Ontological categories guide young children's inductions of word learning: object terms and substance terms. Cognition 38: 179 - 211.

[116] Tai, James H. -Y. and Chao Fang-yi (1994). A Semantic study of the classified zhang. Journal of the Chinese Language Teacher's Association 29 (3): 67 - 78.

[117] Tai, James H. -Y. and Wang Lianqing (1990). A semantic study of the classifier tiao. Journal of the Chinese Language Teacher's Association 25: 35 - 56.

[118] Tang, C. -C. Jane. (2005). Nouns or classifiers: a non-movement analysis of classifiers in Chinese. Language and Linguistics 6(3): 431 - 472.

[119] Van Witteloostuijn, M. , Schaeffer, J. , & van Witteloostuijn, M. (2018). The mass-count distinction in Dutch-speaking children with Specific Language Impairment. Glossa: a journal of general linguistics. 3(1): 1 - 24. http://doi. org/10. 5334/gjgl. 370.

[120] Wiese, H. (2012). Collectives in the intersection of mass and count

nouns: A cross-linguistic account. In D. Massam (ed.), Count and mass across languages (pp. 54 – 74). Oxford: Oxford University Press.

[121] Wisniewski, E., Lamb, C., & Middleton, E. (2003). On the conceptual basis for the count and mass noun distinction. Language and Cognitive Processes, 18 (5/6): 583 – 624.

[122] Wisniewski, E. J., Imai, M., & Casey, L. (1996). On the equivalence of superordinate concepts. Cognition, 60: 269 – 298.

[123] Yin, B., O'Brien, B. A., & O'Brien, B. A. (2018). Mass-count distinction in Chinese-English bilingual students. Glossa: a journal of general linguistics, 3(1): 1 – 22.

[124] Zhang, N. N. (2012). Countability and numeral classifiers in Mandarin Chinese. In D. Massam (ed.), Count and mass across languages (pp. 220 – 237). Oxford: Oxford University Press.

[125] Zhang, N. N. (2013). Classifier Structures in Mandarin Chinese. De Gruyter Mouton.

[126] Zhou, P., Su, Y., Crain, S., Gao, L. Q., & Zhan, L. K. (2012). Children's use of phonological information in ambiguity resolution: A view from Mandarin Chinese. Journal of Child Language.

索　引